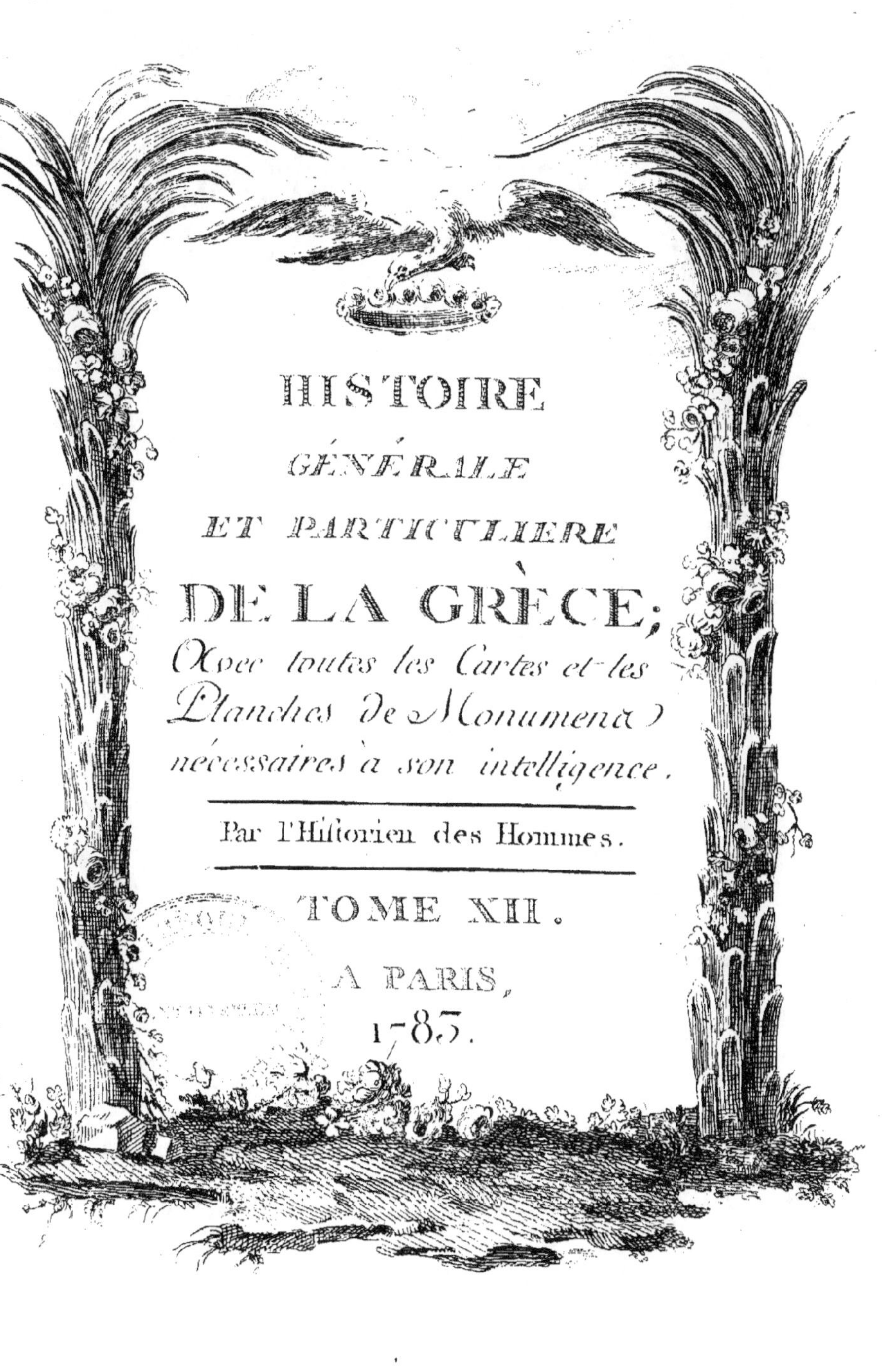

HISTOIRE
GÉNÉRALE
ET PARTICULIERE
DE LA GRÈCE;
Avec toutes les Cartes et les
Planches de Monumens
nécessaires à son intelligence.

Par l'Historien des Hommes.

TOME XII.

A PARIS,
1783.

HISTOIRE

DE

LA GRECE.

DE LA PHILOSOPHIE
CHEZ LES GRECS.

La Philosophie, comme nous l'avons déjà fait preffentir, ne fuivit pas chez les Grecs les progrès du goût; c'eft que leur imagination brillante craignait de s'appéfantir fur la difcuffion d'un fiftême: elle aimait mieux créer les opinions humaines, que les analyfer; elle s'élançait toujours au devant de

la raison, au lieu de suivre sa marche
timide, mais sûre. Aussi le plus beau
génie dont la Philosophie grecque s'honore, Platon, malgré l'épithete de
divin qu'il a reçu de l'enthousiasme
des siécles, n'a-t-il pas fait faire en
ce genre un seul pas à l'esprit humain ?
il a été Poëte, Orateur en philosophie;
mais il a oublié d'être Philosophe.

Une des grandes raisons qui a retardé
les progrès de la Gréce, dans cette belle
branche des connaissances humaines,
c'est que la physique, sans laquelle la
Philosophie n'est que le vain ta-
tonnement d'une raison qui quitte
son berceau, n'existait pas encore au
milieu du siécle d'Alexandre. Aristote
est presque le premier qui se soit apperçu, que le sistême le plus ingénieux
n'est qu'un rêve brillant, quand il
n'est pas appuyé sur les faits : alors il
fonda une secte qui eut pour but d'é-
tudier la nature; mais au moment où
cette secte se proposait de faire tour-

ner le monde fur un axe nouveau,
Rome parut fur les limites de l'Afie
& de l'Europe, & la Gréce fut fub-
juguée.

La morale eft la feule partie de la
Philofophie, que les Grecs ayent cul-
tivé avec fuccès; mais auffi la morale
n'eft point du domaine d'un fiécle de
lumieres; il ne faut point d'effort de
génie pour l'atteindre. Socrate, le grand
Socrate, pour en donner une théorie
fublime, commença par faire divorce
avec les livres, & defcendant dans
fon propre cœur, il y lut les élémens
du contract qui lie l'homme à Dieu,
& l'homme à l'homme.

Les Grecs, nos maîtres à tant d'é-
gards & ceux du monde entier, ne font
donc que des hommes ordinaires, quand
il s'agit de l'art de raifonner, où
Locke eft devenu fi grand; de la mé-
taphyfique, qui a valu tant de triom-
phes aux Leibnitz & aux Condillac,
& des différentes branches de la phy-

fique , où fe font immortalifé les Halley , les Boyle & les Newton.

Il me femble que d'après ces principes , il vaudrait mieux claffer les fiécles , d'après l'ordre des connoiffances humaines , que d'adopter la divifion vulgaire des Hiftoriens. On dirait alors qu'il y a eu trois fiécles de goût , celui d'Alexandre chez les Grecs , celui d'Augufte à Rome , & chez nous celui de Louis XIV. Le fiécle des Médicis n'a exifté que pour la peinture , & celui que nous venons de commencer eft le fiécle de la raifon par excellence.

Cependant quoique la Philofophie grecque mérite peu d'occuper l'Hiftorien du fiécle d'Alexandre , une curiofité vague & inquiéte , nous porte à connaître les opinions , auxquelles les Diogene , les Pyrhon & les Anaxagore doivent leur renommée , & nous répondrons à l'attente générale , par le tableau hiftorique qui va fuivre. Ces opinions au reſte, quelque bizarres qu'elles nous paraiſſent ſont concentrées dans un très-petit cercle d'idées, dont les ſophiſtes ne ſortent pas. On dirait qu'une gravitation particuliere attire l'ignorance au centre de ce cercle, & ne permet pas à l'eſprit de s'élancer au delà de la circonférence.

Comme les Notices que nous allons donner, ſont par ordre alphabétique, il faut pour concilier ce déſordre apparent avec la Philoſophie du Lecteur, faire précéder notre tableau de quelques vues préliminaires.

Si la curioſité fit naître les premières découvertes philoſophiques, ce fut la vanité qui d'abord les empêcha de ſe propager ; on attacha une ſorte de conſidération à poſſéder ſeul le dépôt des connaiſſances ; & les premiers Philoſophes, pour ſe diſtinguer du reſte des hommes, couvrirent d'un voile myſtérieux, les ſecrets qu'ils prétendaient avoir arraché à la nature.

Telle fut l'origine des Sectes que la Gréce vit se former dans son sein. Chaque homme qui se crut un peu plus éclairé que ses contemporains, rassembla autour de lui un petit nombre de disciples, qu'il initia dans sa doctrine, & qu'il chargea de faire des prosélytes. Il est évident que si ces Patriarches des nouvelles opinions, avaient rencontré la vérité, ils auraient mis une réserve moins fastueuse à la répandre, & dès lors ils n'auraient pas fait Secte.

Thalès est le premier chef d'une Secte Philosophique; comme il naquit à Milet, ville de l'Ionie, on donna à son école le nom de Secte Ionique. Le plus grand honneur de cette premiere des Sectes, est d'avoir été le berceau du grand Socrate.

Socrate eut une école; mais par lui-même ne fit point de Secte, car il n'y a pas deux manieres d'envisager la vérité; mais ses disciples Aristippe,

Euclide, Antifthene & Platon, payerent
le tribut à l'opinion qui attachait de
la gloire, à ifoler les rameaux du grand
arbre des connaiffances humaines ; Ariftippe de Cyrène, fonda la Secte
Cyrenaïque, où naquirent le fceptique
Evhemère , & ce qui eft étrange,
l'Athée Théodore. Euclide de Mégare
qui s'attacha particulièrement aux Sciences exactes, donna naiffance au Me-
garisme, où fleurirent Stilpon, &
Apollonius. Le Cynisme, dont Diogene a tant abufé, reconnut pour fon
chef Antifthene, & Platon bien fu-
périeur par fon génie à tous les autres difciples de Socrate, fut le Patriarche de l'Académie.

On ne fe doute pas que le Cynifme, qui s'eft rendu coupable de tant
de crimes envers la morale, a produit
le Stoycisme, l'école de la vertu la
plus pure fous Zenon & Marc-Aurele.

Ariftote jaloux de la gloire de Platon
& qui ne voulait être fur rien, de

l'avis de ce grand homme, aima mieux reſſuſciter les dogmes oubliés de Thalès, & tira du ſein de la ſecte Ionique le Peripatétisme.

Pendant que Thalès en Aſie mineure, faiſait germer toutes les ſectes, qui tour à tour ſe partagèrent l'empire du Péloponèſe, Pythagore fondait à Samos, la Secte Samienne, d'où ſortit l'Eclectisme imaginé par Xénophane; Le Pyrhonisme & l'Epicureisme qui durent leur nom à Pyrhon & à Epicure; Pyrhon qui apprenait à ne rien croire, vint le dernier, & c'eſt une ſinguliere obſervation dans l'Hiſtoire de l'eſprit humain, de voir toutes ces ſectes grecques occupées pendant pluſieurs ſiécles à s'obſerver, à ſe combattre, à ſe modifier, finir enfin par le Pyrhoniſme. Cette dégradation de la Philoſophie grecque, à ſon dernier période, prouve d'une manière évidente ſa faibleſſe dans ſon origine, & nous juſtifie de ne parler de

ſes héros prétendus, que dans un Di-
ctionnaire.

ANACHARSIS (*a*). — Ce Philoſophe
était né d'une mere Grecque, qui avait
épouſé un Roi de Scythie. Il fut le
contemporain & l'ami de Solon. C'eſt
lui qui dit à ce ſage légiſlateur d'A-
thenes, en voyant les matériaux im-
menſes du code qu'il méditait : *Philo-*
ſophe, toutes ces loix ſociales ſont des
toiles d'arraignées, le faible s'y arrête ;
mais l'homme puiſſant les briſe ſans
effort.

Anacharſis mit ſa Philoſophie
en vers. On citait en ce genre un
poëme ſur la légiſlation, auquel il de-

(*a*) Nos principaux guides dans ce tableau
hiſtorique, ſont *Diogene-Laërce*, qui a écrit lon-
guement & ſans critique la vie des Philoſophes
de l'antiquité ; *Platon* dans ſes dialogues, &
Plutarque dans ſes œuvres morales. Nous avons
auſſi recueilli quelques traits épars dans les
compilations d'Elien, de Valére-Maxime, &
d'Aulu-Gelle.

vait une partie de sa renommée. De retour en Scythie, son frere le tua, dit-on, d'un coup de fléche dans une partie de chasse, d'autres prétendent qu'il fut assassiné dans un sacrifice.

Anacharsis avait cette noble fiérté, qu'inspire le sentiment secret de sa supériorité. Un Athénien lui reprochant un jour de ce qu'il était Scythe d'origine; *Oui*, dit-il, *mais je fais honneur à ma Patrie, & tu fais honte à la tienne.* Anacharsis ne disputait pas, ne faisait point mystere de son sçavoir, ne rassemblait point des prosélytes de sa doctrine, & il ne laissa point de Secte.

ANAXAGORE. — Nous avons donné, dans le cours de cette Histoire (*a*), la vie publique de ce sage qui fut l'instituteur & l'ami de Périclès, & qui devenu dans la suite odieux à la confédération des Prêtres d'Athenes, paya de l'exil la

______

(*a*) Voy. *Hist. de la Gréce*, Tom. V. p. 312.

gloire d'avoir été plus éclairé que ses perfécuteurs.

Anaxagore était forti de l'école d'Anaximène, mais il alla plus loin que fon maître : auffi les plus grands hommes de fon fiécle, Périclès, Euripide, Themiftocle & Socrate, regarderent fa maifon comme un foyer de lumières. Sa morale était faine, parce qu'elle était fondée fur l'unité d'un Dieu, & fur l'harmonie des loix fociales ; pour fa phyfique c'était celle de fon fiécle ; il croyait la terre plane, les étoiles formées de quartiers de montagnes arrachées à notre globe, & le foleil une maffe enflammée de la groffeur du Péloponèfe.

Anaxagore, né à Clazomene, vécut trente ans à Athenes, & dans fa veilleffe fe retira à Lampfaque, où il fe laiffa mourir de faim.

ANAXARQUE. — Nous avons flétri ce Sophifte dans la vie d'Alexandre, pour avoir juftifié l'affaffinat de Clitus, en difant que tout ce que faifaient les

Rois était légitime ; il eut un démêlé avec Nicocréon, Viceroi de Chypre, & plein de son reffentiment, un jour que le héros de Macédoine lui demandait à table ce qu'il penfait de la magnificence du repas, *Seigneur*, dit-il, *tout en eft admirable, il ne manque fur le premier plat, que la tête d'un de vos Satrapes*, & en prononçant ces dernier mots, il jetta un regard de fureur fur Nicocréon. Celui-ci n'oublia pas un pareil outrage, & quelques années après le fophifte ayant été obligé par une tempête de relâcher dans l'ifle de Chypre, il le fit piler vif dans un mortier, avec des marteaux d'airain. Cet abominable fupplice releva un peu le courage de l'adulateur d'Alexandre. Aux premiers coups, il regarda Nicocréon avec fierté : *Tyran*, lui dit-il, *tourmente à ton gré l'enveloppe d'Anaxarque, mais Anaxarque, lui-même, n'eft pas en ton pouvoir.* L'Hiftoire garde le filence le plus abfolu fur les ouvrages de la victime de Nicocréon.

ANAXIMANDRE. — Il n'aquit à Milet & fut disciple de Thalès, fondateur de la secte Ionique. On lui attribue une Cosmogonie très-étrange. L'Infini, dit-il, est le principe & le terme de tout. Le foyer de cet infini est la terre, organisée dans la forme d'un cylindre, dont la hauteur n'est que le tiers du diamétre. Son atmosphère se rompit au temps de sa premiere fécondation, & ses débris formerent le soleil, la lune & les étoiles.

Une des opinions les plus bizarres d'Anaximandre, est d'avoir cru que l'homme fut originairement un poisson ; on sçait le parti que le Consul d'E-gypte, Maillet, a tiré de nos jours, de cette rêverie, dans un ouvrage très-hardi qu'il a dédié à Fontenelle.

La vraie gloire d'Anaximandre est d'avoir tracé le premier des cartes géographiques & des cadrans solaires. On a même dit qu'il fit la découverte de l'obliquité de l'écliptique ; mais c'est une erreur, puisque Thalès son maître, avait appris de l'Orient l'art de calculer les éclipses.

Anaximéne. —— Il naquit à Milet & fut le concitoyen, l'éleve & l'ami intime d'Anaximandre. L'infini dans son sistême, est l'air, & cet air est Dieu. Son astromonie fut encore plus erronée que celle de son maître. Il faisait de la terre le centre de l'univers ; le ciel, à l'en croire, n'était qu'une voute de crystal, où l'infini divinisé avait cloué les étoiles. Le soleil avait la forme d'une grande roue pleine de feu, qui laissait échapper la lumiere, par une de ses ouvertures ; & quand cette ouverture se fermait, il y avait une éclipse.

Antisthène. — Ce Patriarche du Cynisme, commença par être l'éleve de Socrate, & comme il demeurait au Pyrée, il faisait tous les jours quarante stades, pour venir entendre le plus grand des Philifophes ; on s'appercevait dès lors de fon dédain pour tous les ufages reçus, dédain qu'il convertit dans la fuite en fiftême. Un jour que ce fophifte jaloux de faire parade de fon indigence, avait déchiré fon manteau & montrait l'ouverture à tout le monde, *je vois au travers*, lui dit Socrate, *non ta pauvreté, mais ton orgueil.* Cette leçon ne corrigea point Antifthène, qui aimait mieux avoir tort tout feul, que d'avoir raifon avec Athenes & Socrate.

Il y avait non loin des murs d'Athenes, une éminence voifine d'un petit temple d'Hercule, qu'on connaiffait fous le nom de Cynofarge. Ce nom venait de la fuperftition d'un citoyen qui, allarmé de ce qu'un chien avait mangé les entrailles de fes victimes, avait cherché à expier le prétendu crime, par l'élévation de ce monument religieux ; c'eft-là qu'Antiftène, la barbe négligée, un bâton à la main & chargé d'une besace, donna ses premieres leçons de philosophie. Il avait la figure, & on lui donnait le nom de ce fameux satyre Marsias, dont il nous reste une belle statue, qu'on croit du siécle d'Alexandre.

On se doute bien que l'homme qui par état frondait toutes les opinions reçues, voyait la superstition avec des yeux très-philosophiques : il se fit cependant initier aux mysteres d'Orphée. Mais lorsque l'Hyérophante dans ses formules d'expiations, vint à vanter avec emphase le bonheur dont jouissaient après la mort ceux à qui les mysteres Orphiques avaient été révélés, *insensé*, s'écria-t-il, *meurs donc pour justifier ta doctrine.*

Antisthène par les principes qu'il avait puisés à l'école de Socrate, était ennemi du suicide, & il le montra bien dans sa dernière maladie : il se plaignait devant Diogene le Cynique, des maux cruels dont il ressentait l'at-

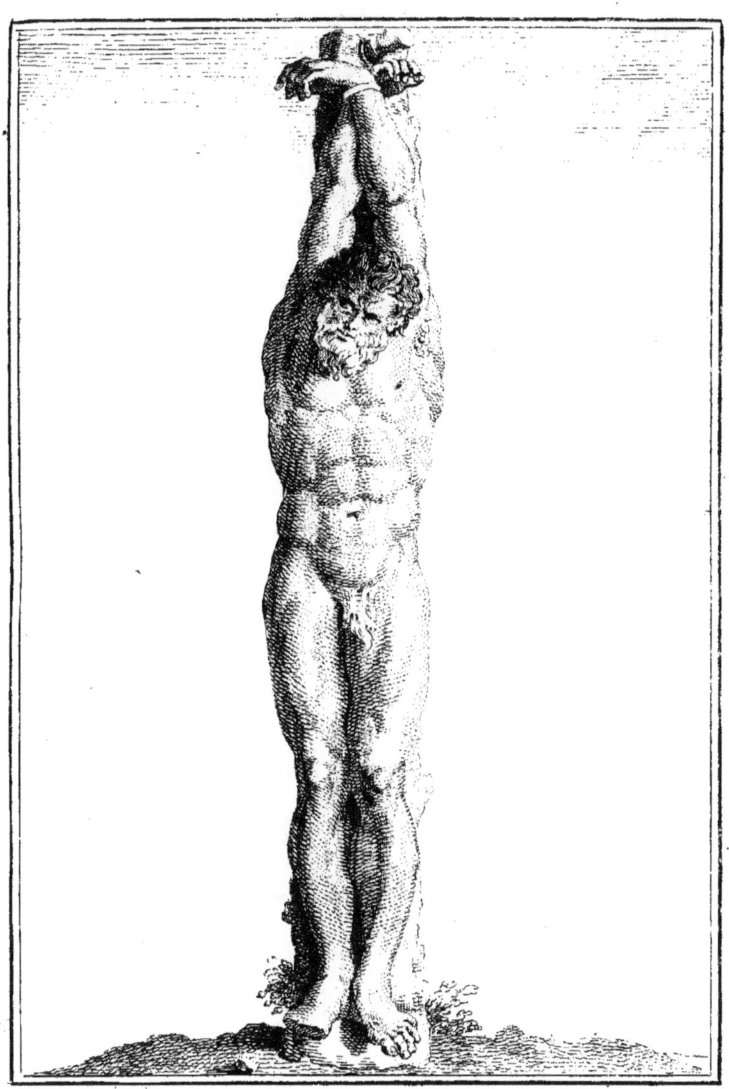

LE SATYRE MARSYAS .

teinte, *qui me délivrera*, s'écria-t·il, *de cette carrière de douleurs.* — *Ce poignard*, lui dit Diogene, — *Je parle de mes douleurs*, répond le Philofophe expirant, & *non de ma vie.*

Antifthène laiffa plus de foixante traités fur toutes fortes de fujets, que fes difciples renfermerent en dix volumes; la lifte complette nous en a été tranfmife par Diogene-Laërce ; mais les ouvrages mêmes ne nous font pas parvenus.

ARCÉSILAS. — Ce Philofophe né dans l'Eolie, fonda ce qu'on appellait dans Athenes, la moyenne Académie : car la premiere fut établie par Platon. Le doute univerfel était le fondement de fa doctrine, auffi il foutenait au gré de fes auditeurs , le pour & le contre , & quand on l'avait entendu pendant une journée entière , on s'en retournait, admirant le Sophifte , mais tout étonné de n'être inftruit de rien.

Arcéfilas était à la fois, Poëte &
Sophifte : il avait été entraîné à la
Poëfie, par la lecture d'Homère ; auffi
par reconnaiffance pour le plaifir que
ce beau genie lui avait procuré, il ne
fe couchait jamais, qu'après avoir revu
un chant de l'Iliade, le matin il difait *allons revoir notre ami*, & il re-
prenait fa lecture.

Arcéfilas ferme dans fes principes
qu'il fallait douter de tout, n'ayant
rien de certain à apprendre à fon fiécle,
ne publia aucun ouvrage ni en profe
ni en vers. Il mourut, dit-on, des
fuites de l'yvreffe, dans un âge très-
avancé. Il fleuriffait vers la cent-ving-
tiéme Olympiade, c'eft-à-dire environ
vingt-cinq ans après la mort d'Alé-
xandre.

Archimede. — Ce grand homme
qui ne fut d'aucune fecte, mais qui fit
fervir fon génie & fes lumieres à la
défenfe de fa patrie, méritait un chapitre particulier dans l'Hiftoire de la

Gréce, & nous l'avons inféré à la tête du fiége mémorable de Syracufe (*a*).

Architas. — Ce Philofophe éleve de Pythagore, fe fit dans Tarente l'apôtre du hazard : à force de rêver dans fon cabinet fur l'origine des chofes, il avait trouvé que l'univers pouvait être le produit des nombres : les élémens de la matière dans cette hypothèfe peuvent fe combiner à l'infini, & le monde que nous voyons eft l'effet d'une de ces combinaifons.

Architas qui faifait dériver l'harmonie des êtres d'un coup de dez, ne foyait pas que l'inftant fuivant, une nouvelle combinaifon du hazard pouvait détruire les mondes déjà formés ; il y a l'infini contre un à parier, d'abord que le hazard ne produit pas l'ordre, & enfuite que ce n'eft pas lui qui le conferve.

(*a*) Tom. VII. pag. 1.--15 & 49, car la vie d'Archimede occupe trois chapitres.

Cet Architas était le premier mathématicien de son siécle : il fit, dit-on,
un pigeon volant ; Archimède qui
dans la suite le prit pour modèle & le
fit oublier, inventa des machines un
peu plus utiles à sa patrie, sans être
moins curieuses.

Il est très-extraordinaire au reste que
ce physicien, qui était bien convaincu
que son pigeon volant n'était point
l'effet de la combinaison aveugle des
éléments de la matière, attribuât à
cette cause l'origine de l'univers.

ARISTIPPE. — Il naquit à Cyrene,
ville de la Libye, & fut le contemporain & l'éleve de Socrate. Nous avons
remarqué qu'il fut le premier des disciples de ce grand homme, qui osa
vendre à prix d'argent, la raison &
la vertu. Une année où ses leçons lui
avaient rapporté une grande somme,
il en fit passer une partie à son maître, qui
la lui renvoya avec une sorte d'indignation Le lendemain ce dernier rencontra

le sophiste : *d'où te vient donc*, lui dit-il, *cette subite opulence? — De cet art de raisonner*, répond Aristippe, *d'où te vient ta pauvreté.*

Aristippe était un homme sans caractère, qui à la cour de Denys, faisait l'apologie des Tyrans, & au portique d'Athenes, l'éloge des Harmodius & des Aristogiton ; mais il changeait ainsi de rôle d'une maniere si ingénue que personne n'en était blessé; aussi disait-on par-tout *qu'il n'y avait qu'un Aristippe dans la Gréce, pour s'habiller le matin de pourpre, & le soir de haillons.*

Cet homme sans caractère devait craindre la mort comme l'être le plus pusillanime : aussi, au milieu d'une tempête, le trouble de son ame se peignait singuliérement sur son visage. Dans un trajet d'Athenes à Corynthe, un homme du peuple frappé des terreurs d'Aristippe, ne put s'empêcher de s'écrier, *d'où vient donc que nous qui ne sçavons rien, nous sommes tranquilles, tandis que ce Philosophe tremble ?* Ce trait rendit Aristippe à sa gaieté, *mon ami,* répondit-il, *c'est que le danger n'est pas égal entre nous ; la vie de l'homme du peuple ne vaut pas celle du Philosophe.*

On cite un grand nombre de mots d'Aristipe, dont quelques-uns sont très-heureux ; un Athénien était venu lui présenter son fils pour en faire un Philosophe, & celui-ci lui avait demandé six-cens drachmes pour ses honoraires. —— *Que dites-vous? j'aurais un esclave à ce prix.* —— *Tu as raison, mon ami, hâte-toi d'en acheter un, & tu en auras deux.*

Aristippe était très-lié avec la trop fameuse Lays, & un homme de mœurs sévères lui en faisait des reproches : *il est vrai que je possede cette Courtisanne,* dit-il, *mais cette Courtisanne ne me possède pas.*

Quand la tête d'Aristippe fut un peu mûrie par les années, il composa divers ouvrages dont nous avons feulement les titres. La plupart avaient une Dédicace, mais à des Mécenes, bien peu faits pour fe rapprocher ; à Lays & à Porus, à Denys le tyran, & à Socrate.

Ariftippe fonda la fecte Cyrenaïque qui déraifonna en Phyfique, comme les autres écoles grecques, mais qui conferva la morale dans toute fon intégrité. Il eft auffi le premier qui ait bien parlé fur les fens. Il difait que cet organe de l'homme ne fe trompe que par les jugements qu'il joint à fes fenfations. Vérité que Loke a, de nos jours, porté à fon dernier dégré d'évidence. La fecte d'Ariftippe dura un fiécle, & c'était beaucoup pour des fiftêmes mal liés enfemble, où il y avait tant d'erreurs & fi peu de vérités.

ARISTOTE. —— Cet homme fi juftement célébre, naquit à Stagyre, & fut l'inftituteur d'Alexandre. Nous

avons parlé de sa vie publique, dans
le cours de l'Hiftoire du héros de Macédoine, & il nous refte peu de traits
à y ajouter; on a obfervé que pendant
la haute faveur dont il jouit, il fut
toujours utile à ceux pour qui il put
l'être, fans compromettre fon honneur.
Sa patrie fe reffentit auffi de fa faveur;
comme elle avait été ruinée pendant
les guerres de la Gréce, il obtint qu'on
la rétablît, & il lui donna des loix.

Ariftote fit contracter à Alexandre
le goût des Arts, qui femble d'abord
fi peu fait pour s'allier avec la gloire
tumultueufe des conquêtes, & comme
le Philofophe travaillait alors à l'hiftoire des animaux, fon éleve généreux
confacra huit-cents talens (plus de
quatre millions trois-cens mille livres
de notre monnaie) aux frais de cette
vafte entreprife.

Alexandre ennyvré de l'encens de
l'Afie, couvert du fang de fes amis,
voulut fe faire adorer par les enfans

des malheureux qu'il avait affaffinés. Ariftote n'attendit pas ce période de dépravation dans les mœurs du Conquérant, pour quitter fa cour, & il ceffa même toute correfpondance avec lui, du moment qu'il eut ordonné le fupplice de Callifthènes.

Ariftote libre au fein d'Athenes, enfeigna dans le Lycée avec un fuccès qui éveilla l'envie; auffi, après la mort d'Alexandre, les Prêtres qu'on avait eu l'art de mettre en jeu, l'accuferent d'impiété, & il fut obligé de fe retirer à Chalcis, voulant fauver à Athenes les remords d'un fecond fupplice de Socrate.

On a prétendu que ce Philofophe s'était tué de chagrin, de n'avoir pu comprendre la caufe du flux & du reflux, & qu'il avait dit en fe précipitant dans la mer : *puifque je ne puis comprendre l'Euripe, que l'Euripe m'engloutiffe.* Le mot à caufe du double fens du terme *comprendre*, n'a de fel

que dans la langue originale ; mais ce
fel même prouve qu'il n'a pas été pro-
noncé, car on ne fe noye pas en faifant des épigrammes.

Quoi qu'il en foit, Ariftote mourut
dans la foixante-troifiéme année de
fon âge, & fon corps fut transferé
à Stagyre, où, peu contents de lui dreffer
un Maufolée, fes Concitoyens firent
fon apothéofe.

Les ouvrages de cet homme célébre
ont eu la deftinée la plus fingulière ;
tour-à-tour brûlés & mis fur l'Autel,
& ne méritant cependant ni l'un
ni l'autre, aujourd'hui que le fanatif-
me fe tait, & que la raifon admirant
moins, juge mieux, on les met à leur
place.

Ariftote avait, comme tous les grands
Philofophes de l'antiquité, une doctrine publique & une doctrine fecrette.
Ceux de fes ouvrages où il a pu parler
fans myftère, portent l'empreinte de
fon génie. Tels font fa Poëtique &

sa Rhétorique , qui semblent avoir été adoptées comme des Codes de bon goût, par les siécles d'Auguste & de Louis XIV.

Sa morale est très-pure ; cependant on le voit de temps en temps s'égarer dans des discussions métaphysiques , au lieu d'échauffer l'âme de ses lecteurs ; il ne dit jamais que la moitié de ce qu'il veut dire , parce qu'il ne veut point être entendu des personnes que la lumière pourrait blesser, & qu'il craint les chaînes d'Anaxagore & le supplice de Socrate.

Il y a encore moins de clarté dans sa logique : il s'étend trop sur le méchanisme du raisonnement, & n'analyse pas assez l'intelligence qui raisonne ; ses catégories, ses universaux ses dégrés de métaphysiques, ont fait la plus grande fortune dans les siécles du demi - sçavoir, où l'esprit consistait à deviner des énigmes ; mais depuis que nous lisons Locke , il n'eſt plus permis même de les citer.

La phyſique d'Ariſtote, eſt très-dé-fectueuſe, parce qu'il ne nous a gueres tranſmis que les erreurs de ſon tems, parce qu'il a mieux aimé deviner la natu-re que de l'obſerver, parce qu'il n'a point lié les faits par ce fil méthodique, qui ſeul peut les claſſer dans la mémoire.

L'Hiſtoire des animaux eſt le ſeul ouvrage phyſique d'Ariſtote, qui puiſſe laiſſer à la poſtérité une grande idée de ſon génie. Au reſte il avait ſur cette partie de l'Hiſtoire naturelle d'im-menſes matériaux ; grace aux quatre millions qu'Alexandre dépenſa pour faciliter ſes recherches, il moiſſonnait où ſes prédéceſſeurs n'avaient fait que glaner. Cette hiſtoire des animaux, dépôt précieux de tout ce que les Grecs connaiſſaient en ce genre, & de tout ce qu'Ariſtote avait ajouté à la maſſe des idées reçues, a pu faire naître à Pline l'ancien, l'idée de ſon Encyclopédie.

En général les Ouvrages d'Aristote
font un chef-d'œuvre de sagacité dans
les matieres de goût, & d'érudition
dans les matieres sçavantes. Mais l'obscurité, sur-tout des derniers, circon-
scrira toujours les progrès de leur renommée. L'instituteur d'Alexandre est
d'autant plus énigmatique, qu'il cherchait exprès à l'être, pour flatter la
vanité puérile de son éleve : aussi quand
le jeune héros lui reprocha d'avoir
publié des livres qui renfermaient des
mystères, où lui seul devait être initié, il répondit que cette publication
n'était point faite pour propager sa
doctrine secrette, parce que ses livres
ne pouvaient être entendus que de
ceux à qui il en communiquerait l'intelligence.

On regrette aussi qu'un génie aussi
beau, n'ait pas rendu assez de
justice aux hommes célébres de sa
Nation, sur-tout à Platon dont il fut
le Disciple pendant vingt ans, & qu'il

critiqua avec une forte d'amertume. On dirait que jaloux de concentrer en lui toutes les gloires littéraires, comme Alexandre, son élève, de conquérir tous les mondes, il ait voulu composer sa renommée de toutes les renommées, & envahir ainsi, moitié avec du génie, moitié avec du machiavélisme, la Monarchie universelle.

BIAS. — Ce sage de la Gréce, était né à Priéne, il donna des loix à sa patrie & la sauva du joug d'Alyatte, Roi de Lydie. Sa mort fut aussi douce que l'avait été sa vie. Parvenu à une vieillesse fort avancée, il plaidait une cause devant les premiers Magistrats de Priéne; sa harangue achevée, il appuya sa tête, pour se reposer, sur le sein de son petit-fils. Les Juges prononcèrent en sa faveur; mais lorsque l'assemblée se sépara, le sage ne fit aucun mouvement, son petit-fils voulut soulever sa tête de dessus son sein, mais il le trouva mort dans cette douce attitude.

Bias avait composé deux mille vers philosophiques, sur les moyens de rendre l'Ionie heureuse. Il aimait la religion de son pays, mais épurée à la manière de Socrate. Un jour qu'il faisait un trajet de mer, avec des Athées, il fut surpris d'une tempête & vit ces impies, cédant à la terreur, invoquer les Dieux : *taisez-vous*, leur dit-il, *de crainte que ces Dieux que vous invoquez, ne s'apperçoivent que vous êtes dans ce vaisseau.*

Bion. —— Il ne faut pas le confondre avec le poëte Bion dont les idylles charmantes sont si célébres & si peu lues ; ce fut un athée sans principes ; on peut juger de lui, par une épigramme de Diogène-Laërce.

» On dit que le scythe Bion, nia
» l'existence des Dieux ; mais atteint
» d'une maladie dangéreuse, & trem-
» blant à l'approche de la mort, on

» vit l'audacieux qui n'avait jamais
» regardé les Temples qu'avec dédain,
» rougir les autels du fang des victi-
» mes, croire aux enchantemens d'une
» magicienne, laiffer fufpendre à fon
» col de frivoles amulettes; infenfé
» qui penfe que les Dieux s'achetent,
» comme s'il n'y en avait, que quand
» il plaît à Bion de les croire (a).

CALLISTHÈNE. — Ce Philofophe dont la vie publique & le fupplice ont trouvé leur place à l'hiftoire d'Alexandre, naquit à Olynthe, ville de la Thrace; il travailla à la révifion des ouvrages d'Homere, pour la fameufe édition de la Caffette. Il compofa auffi une hiftoire de la guerre de Troye, une autre des guerres d'Alexandre & des Annales de la Gréce, depuis la

---

(a) Diog. Laërt. *Vit. Biant.* — Voilà dans le nombre immenfe de vers qu'a fait cet hiftorien des Philofophes, les feuls qui méritent peut-être d'être confervés; encore a-t-il fallu les réduire.

paix d'Artaxerxe, jusqu'à la derniere année de la cent-cinquiéme Olympiade. Tout ces ouvrages font perdus, & les écrivains de la moyenne antiquité les regrettaient : cet écrivain devait fur-tout fa renommée à des livres philofophiques, tels qu'un *Périple*, dépôt des découvertes géographiques de fon temps, un traité *de la nature de l'œil*, qui fuppofait de grandes connaiffances d'anatomie, & le fameux Recueil d'*Obfervations Chaldéennes*, renfermant un intervalle de dix-neuf fiécles, & bafe d'une Ere aftronomique, connue fous le nom d'*Ere de Callifthène*.

CARNÉADE. — Il naquit à Cyrene, & fonda la nouvelle Académie, fondée comme la moyenne fur le doute univerfel d'Arcéfilas. Sa morale était en général celle de Socrate, « Si l'on » fçavait, dit-il, que fon ennemi le » plus acharné, vint s'affeoir fur un » tapis de verdure où il y aurait un » afpic caché, il faudrait l'en avertir

» pour n'être point, aux yeux du sage,
» coupable d'homicide.

Carnéade fut envoyé en Ambassade à Rome, & mourut à l'âge de 85 ans, la quatriéme année de la cent soixante-dixiéme Olympiade. Ce jour là il y eut une éclipse de lune, *comme si*, dit le crédule Diogène, *le plus bel astre du firmament après le soleil, prenait part à la mort de ce Philosophe !*

CHILON. — Ce sage de la Gréce, était de Lacédémone, & fut revêtu de la dignité d'Ephore, qui le rendait le Censeur des Rois ; on le dit le contemporain & l'ami d'Esope ; il mit, suivant l'usage de son temps, sa philosophie en vers, ce qui eut été un moyen de la transmettre à la postérité, si son auteur avait eu du génie. On croit qu'il mourut de joie en embrassant son fils, qui venait de remporter le prix de Ceste aux jeux Olympiques.

CHRYSIPPE. — Il naquit en Cilicie

& compofa, dit-on, trois-cents ouvrages, où il mania avec beaucoup
de fubtilité les armes de la dialectique;
on eft affez étonné de l'éloge magnifique que Séneque fait de ce Philofophe, quand on fçait qu'il fe permit
des écrits très-obfcènes, entr'autres un
poëme de fix-cents vers, fur les jouif-
fances amoureufes de Jupiter, que
Tibère feul pouvait lire dans fon fer-
rail de Caprée. Chryfippe mourut,
dit-on, à force de rire, pour avoir
vu un âne manger fes figues dans fon
office; fa mort tombe dans la cent-
quarante-troifiéme Olympiade.

CLÉANTHE. — Ce difciple de Zenon,
né, dans la Troade, de parents réduits
à la derniere indigence, n'avait que
quatre drachmes (un peu moins d'un
écu) quand il vint fe faire un nom
dans Athenes; ne pouvant acheter du
papier, il écrivait fur des crânes &
des os de morts, les préceptes de l'é-
cole qu'il fréquentait. Le Gouverne-

ment vint à son secours & lui offrit une somme d'argent; mais Zénon
qui ne croyait pas que la philosophie
dût abandonner les livrées de la pauvreté, lui défendit de l'accepter. Diogène cite de Cléanthe un grand nombre de traités philosophiques, dont
les Stoïciens faisaient l'éloge, ce qui
ne les a pas sauvés de l'oubli. Leur
Auteur, pour ne pas souffrir trop long-
temps d'un abscès qui s'était formé dans
ses gencives, se laissa mourir de faim.

CLÉOBULE. —— Ce sage de la Gréce,
né à Linde, faisait remonter son origine à Hercule. On prétend qu'il re-
bâtit un Temple de Minerve qui avait
été construit par Danaüs. Du reste il
ne joua aucun rôle dans les affaires
politiques de la Gréce. Il ne fonda
aucune secte de Philosophes. S'il fallait s'en tenir à la tradition recueillie par
Diogène-Laërce, on l'aurait mis au nombre des sept Sages, pour avoir imaginé
quelques Sentences très-communes &

avoir raſſemblé péniblement des énigmes.

CRANTOR. — Ce Philoſophe né en Cilicie, fit un ouvrage moral *ſur la Conſolation*, que Cicéron appellait un livre d'or, & trente mille verſets de Commentaires. Sa grande célébrité vient d'avoir eu pour diſciple Arcéſilas, le fondateur de la moyenne Académie.

CRATÈS. — Ce Cynique naquit à Thebes, & fut le contemporain d'Alexandre. Du moment qu'il fut initié dans la doctrine de Diogène, il vendit ſon patrimoine, & en dépoſa le prix qui montait à deux-cents talents, chez un homme public, avec ordre de le rendre à ſes enfants, s'ils étaient tout-à-fait ſans génie, ou de le diſtribuer aux pauvres familles de Thebes, s'ils devenaient Philoſophes.

On dit qu'il épouſa Hiparchie, ſœur de l'Orateur Métrocle; &, que pour prouver que l'homme qui a ſecoué tout préjugé, ne doit rougir de

rien, il choifit le Portique pour con-
fommer publiquement fon mariage.

On ne fe douterait pas que cet in-
fracteur des mœurs publiques, fut le
maître de Zénon, le chef des Stoïciens
& un des hommes qui par fon génie
& fa vertu, a le plus approché de
l'immortel Socrate.

Critias. — Le pays de la terre où
on a le plus raifonné, doit être celui
où on a le plus déraifonné; la fphère
des connaiffances métaphyfiques eft
fi bornée ! on dit d'abord ce qui eft
vrai, enfuite on hafarde ce qui n'eft
que vraifemblable, & on finit par n'é-
crire que ce qui eft extraordinaire.

Un des premiers athées célèbres que
je rencontre dans la Gréce, fut à la
fois un athée de cour & un athée de
cabinet : il s'agit de Critias un des
trente tyrans d'Athènes, l'affaffin de
l'orateur Théramene & du guerrier
Alcibiade : Sextus Empiricus nous a
confervé un fragment des poéfies de

ce sophiste qui renferme son sistême d'athéifme; il y suppofe que les loix religieufes n'ont d'autre origine qu'une pieufe fiction , & que les premiers légiflateurs ne trouvant dans leurs inftitutions aucun frein contre les crimes fecrets, inventèrent Dieu, & imaginèrent la Providence (*a*).

On pouvait répondre à Critias que Dieu ne fut pas inventé pour prévenir les crimes fecrets, mais que l'impunité des crimes fecrets fur la terre, démontre l'exiftence de Dieu.

On pouvait ajouter qu'en admettant même cette affreufe hypotèfe, Critias qui découvrait aux peuples l'heureufe impofture des légiflateurs , ouvrait la porte à tous les crimes, dont l'impunité pouvait fe preffentir, & devenait par-là coupable du crime affreux de lèfe-fociété.

Au refte ce Critias n'avait pas affez

(*a*) Voy. Sextus. Empir. *adverf. mathematicos.*

de génie pour fonder une secte ; Proclus disait que s'il passait pour un Philosophe parmi les ignorants , il passait aussi pour un ignorant parmi les Philosophes (*a*).

DÉMOCRITE.——Ce philosophe, dont le ridicule, qui consistait à rire de l'espéce humaine , a été joué sur nos théâtres , naquit à Abdere dans la Thrace. Il consacra cent talents qui étaient son patrimoine, à voyager. A son retour, les Magistrats de sa patrie le citèrent devant eux, pour avoir dissipé tout son bien , & ils allaient le condamner à la peine usitée pour un pareil délit, c'est-à-dire à être déchu du privilége d'être inhumé dans le tombeau de ses peres, lorsque pour justifier le noble emploi qu'il avait fait de son temps & de ses richesses, il leur lut le plus parfait de ses ouvra-

----

(*a*) Voyez son commentaire sur le *Timée* de Platon.

ges. Cette apologie d'une espéce toute
neuve fit le plus grand effet. On rendit à l'accusé du trésor public, les
cent talens qu'il avait dépensés pour
ses voyages; on lui érigea une statue,
& on ordonna qu'après sa mort la
Ville qu'il avait illustrée, prendrait
soin de ses funérailles.

C'est Démocrite qui disait que la
vérité était cachée au fond d'un puits;
c'était probablement pour la chercher
qu'il passait sa vie dans les lieux sou-
terreins & dans les asiles lugubres des
tombeaux. Je serais tenté de croire
aussi que voilà l'origine de la fable
si répandue, que ce Philosophe se
créva lui même les yeux, pour n'être
point distrait, dans ses spéculations su-
blimes sur l'origine des êtres. Les Ab-
dérites, qui ne pouvaient s'imaginer que
leur concitoyen s'ensevelit ainsi tout
vivant, pour prendre la nature sur le
fait, crurent son cerveau dérangé &
engagerent Hippocrate à venir dans leur

ville pour le guérir. L'illuſtre Médecin ſe rendit en effet auprès de Démocrite, ſe fit, comme Socrate, la ſage-femme de ſes penſées, & ſortit de l'entretien, convaincu que s'il y avait des malades à guérir dans Abdére, ce n'étaient que les ignorants qui ne croyaient pas au bon ſens des Philoſophes.

Démocrite imagina le premier le fameux ſiſtême des Atômes, qui depuis fit tant d'honneur à Epicure & à Lucrèce ; Platon ne l'aimait point ; il aurait brûlé ſes ouvrages , s'il avait pu eſpérer par-là de les anéantir ; on a même remarqué que ce beau génie qui a parlé de tous les Philoſophes de l'antiquité , n'a jamais cité celui-ci, même lorſque l'ordre des matières qu'il traitait l'engageait à le réfuter.

DIAGORAS , un des plus fougueux blaſphémateurs de la Divinité , avait épouſé dans ſa jeuneſſe toutes les ſuperſtitions ſacerdotales de ſon pays ;

la vanité en fit un athée; il avait
compofé un poëme qu'on lui déroba;
il pourfuivit l'ennemi de fa gloire
devant les tribunaux; celui-ci fit fer-
ment que le poëme lui appartenait &
fut cru; Diagoras voyant le fuccès de
cette impofture, conclut que la Providence était un être de raifon, enfeigna qu'il n'y avait de Dieu que
l'aveugle fatalité, & fit des livres pour
le prouver.

On voit que la logique de Diagoras était celle d'un homme en délire;
c'eft au contraire parce que le crime
tiomphe fur ce point de l'efpace, qu'il
doit avoir ailleurs fon fupplice; c'eft
parce que l'ordre moral eft fans ceffe
troublé par l'homme, qu'il faut un
Dieu pour le rétablir.

Ce fophifte fut l'athée le plus déterminé qui eût encore paru dans la
Gréce; il n'employa aucun artifice pour
pallier fes dogmes deftructeurs: il ne
dit pas je *doute qu'il y ait un Dieu:*

il dit : *un Dieu est un être impos-*
sible.

Avec de pareils principes, il s'ef-
frayait peu des objections vulgaires du
théïsme : se trouvant un jour sur une
flotte Grecque au milieu d'un violent
orage, il entendit les matelots se
dire entr'eux, qu'ils avaient bien mérité la colère du ciel, en se chargeant
du plus effréné des impies; *Voyez*,
leur dit Diagoras, *le reste de la flotte*
que tourmente la mer & les vents : cro-
yez-vous que chacun de ces navires porte
un Diagoras (a) ?

L'Aréopage instruit du trouble que
répandait dans la société le dogme
affreux de Diagoras, mit sa tête à
prix; on promit un talent à son assassin,
& deux à celui qui l'amenerait vivant
à Athenes (b); le décret de proscri-

______

(a) Cicer. *De naturâ Deorum.* Lib. 3. Cap. 37.

(b) Cic. *De naturâ Deorum.* Lib. V. & Schol
d'Aristoph. *in avibus.*

ption fut gravé sur une colonne d'airain ; mais un pareil éclat tendait plus à flétrir la doctrine de l'athéisme, qu'à exterminer la race nécessairement peu nombreuse des athées ; les Grecs tolérants par sentiment & par sistême détestèrent les livres de Diagoras, & l'auteur mourut dans son lit.

Un phénomène très-extraordinaire dans l'histoire de ce célébre athée, c'est qu'il fut le législateur de Mantinée, & que ses institutions eurent la sagesse de celles des Minos & des Solon ; les Grecs d'autant plus justes qu'ils étaient plus éclairés, surent distinguer le code de Diagoras de ses livres ; ils flétrirent en lui le sophiste, & ils élevèrent des statues au législateur.

DIOGENE. — Ce fameux Cynique, était de Sinope. Il s'annonça assez mal dans les fastes de la Philosophie : car à peine sorti de l'adolescence, il se fit bannir de sa patrie, pour le crime de fauſſe monnaie. Ce fut Antiſthène, un des diſciples de Socrate, qui le ramena à la vertu ; d'abord cet Antiſthène ne voulait point, par égard pour les mœurs publiques, recevoir un homme flétri, dans ſon école, & offenſé de ſes inſtances, il le repouſſait avec ſon bâton, *frappe*, lui dit Diogene, *mais rends-moi Philoſophe.*

Nous avons vu qu'Antiſthène avait outré le déſintéreſſement & la noble pauvreté de Socrate. Diogene à ſon tour outra les extravagances vertueuſes d'Antiſthène : il couchait dans un tonneau qu'il promenait devant lui, n'ayant d'autres propriétés qu'un bâton, une beſace & une écuelle ; encore ayant apperçu un enfant qui buvait dans le creux de ſa main: *j'ai donc encore*, dit-il, *un meuble ſuperflu*, & il briſa ſon écuelle.

L'habitant de ce tonneau philoſophique, fut viſité, comme nous l'avons déjà vu, par le vainqueur de Darius,

qui *s'il n'avait pas été Alexandre , au-*
rait voulu être Diogene.

La plupart des mots de ce fameux
Cynique, sont dans la bouche de tout
le monde. On sçait qu'un jour il se
promena en plein midi dans Athènes,
avec une lanterne à la main , & que
quand on lui demanda ce qu'il cherchait, il répondit : *un homme.*

On sçait que dans un voyage à
Egine, ayant été pris par des Pirates,
il fut exposé en vente en qualité d'esclave , & que quand on lui demanda
ce qu'il sçavait faire, il répondit, *je*
sçais commander. Le Corinthien De-
miade qui se trouvait là, fut frappé
de ce trait de fierté, il était venu
acheter un esclave , & il acheta un
maître.

Cette fierté de Diogene lui attirait
au reste quelquefois des épigrammes, de
la part des Philosophes qu'il cherchait
à humilier. Etant un jour allé chez
Platon , qui étalait la magnificence

d'un Souverain, il s'étendit sans ménagement sur un tapis superbe , en disant : *je foule aux pieds l'orgueil de Platon ,* — oui lui répondit Platon , *mais avec plus d'orgueil encore.*

On trouva Diogene sans vie , enveloppé dans son manteau ; il était alors âgé de quatre-vingt dix ans , & sa mort tomba le même jour que celle d'Alexandre. Corynthe lui éleva un monument, sur lequel on plaça un chien du plus beau marbre de Paros. Le chien est le symbole de sa secte. Une tradition incertaine attribue à Diogene divers Dialogues philosophiques & sept Tragédies.

EMPEDOCLE. — Il naquit à Agrigente une des Métropoles de la Sicile , & adopta les principes de l'école de Pythagore. Sa patrie persuadée de ses lumieres , lui déféra le pouvoir des législateurs , & il en profita pour substituer à la tyrannie des Nobles , une pure Aristocratie.

Empedocle était le plus vain des hommes; une tradition (vague il est vrai) veut que parvenu à un âge avancé & désirant de passer, aux yeux de ses concitoyens, pour une intelligence supérieure, il alla se précipiter dans les gouffres du mont Etna, pour laisser croire qu'il avait été enlevé au ciel, d'où il tirait son origine. Malheureusement une chaussure travaillée avec de l'airain, qu'il avait coutume de porter, & que le volcan vomit dans une de ses éruptions, trahit le néant de son apothéose.

Ce Philosophe infatué du sistême de la métempsycose, affirmait qu'il avait été autrefois fille, garçon, arbuste & oiseau. On avait de lui, au temps de Diogène, cinq-cents vers philosophiques sur la Nature, six-cents sur la Médecine, & quelques Tragédies.

Epicure. — Cet homme célébre né dans l'Attrique, environ trois siécles & demi avant l'Ere vulgaire, est un de

ceux que la calomnie a le plus pour-
suivi, soit de son vivant, soit au-delà
de la tombe. Il mena la vie la plus
réglée, & on l'accusa des plus grands
attentats contre les mœurs ; il prouva
l'existence d'un être suprême, & on
le flétrit du soupçon d'athéisme. Il est
probable au reste que la postérité n'aurait pas été trompée si long-temps, si
les trois-cents ouvrages qu'on attribue à ce Philosophe, n'avaient pas
été anéantis. C'est au vertueux Gassendi que la raison doit, si une erreur aussi cruelle ne s'est pas propagée
au-delà du dix-septiéme siécle.

Lorsqu'Epicure parut, il trouva toutes les sectes de la Gréce divisées
entr'elles, mais réunies pour déclamer
contre le Plaisir. Chaque sectaire af-
fichait l'abnégation de soi-même, faisait divorce avec la nature, & devait
à sa morgue philosophique, l'ascendant
qu'il prenait sur l'esprit de la multi-
tude. Le nouveau Sage vint détruire

toutes les opinions reçues, il fit l'a-
pologie du plaisir, alors l'attention
publique se fixa sur lui; l'homme de
bien s'étonna, l'homme corrompu sourit, & tous les fanatiques qui avaient
arboré d'autres drapeaux persécutèrent
le Philosophe.

Ce mot de plaisir n'était qu'un piége
pour se faire écouter : il se trouvait
que pour être heureux dans les principes d'Epicure, il fallait faire un
usage modéré de ses sens, & s'exer-
cer à la pratique des vertus. Ce n'était
pas la théorie que cherchaient les
Lays & les Alcibiades, aussi son école
fut bientôt abandonnée de l'ennemi
des mœurs, cependant elle ne resta pas
déserte, car il y avait encore des hommes de bien dans Athènes.

Epicure était ennemi de la doctrine
secrette des Philosophes, il pensait
que tout ce qu'il était bon de sçavoir,
était bon à communiquer. Ses dogmes
furent donc dégagés de tous ces voiles

myſtérieux qui n'en impoſent qu'à l'ignorance. Il ne manqua à la clarté que lorſqu'il voulut, ſans principes phyſiques, expliquer l'origine des choſes. On voit qu'il s'agit ici de ſon fameux ſiſtême des Atômes.

Le monde, diſait Epicure, n'eſt que le réſultat fortuit de la combinaiſon des atômes; quand cette combinaiſon ceſſe dans les êtres intelligens qui l'habitent, ils périſſent avec leur intelligence. Ces deſtructions, ces renouvellemens, ces métamorphoſes, effets d'une matière qui fermente & s'agite ſans ceſſe, n'influent en rien ſur la Divinité, qui tranquille dans les intermondes qu'elle habite, ne veille que par une providence générale à la conſervation de l'univers.

Cette phyſique eſt abſurde, & ce qui intéreſſe bien plus une raiſon éclairée, c'eſt qu'en circonſcrivant le pouvoir de l'Etre ſuprème, & en anéantiſſant le dogme ſacré de l'immortalité, elle affaiblit le frein précieux qui enchaîne l'homme à la morale & à la vertu.

Heureusement ce système n'étant fondé que sur des subtilités métaphysiques, le peuple n'était pas à portée de l'entendre & de se pervertir. D'un autre côté Epicure lui-même ne vit probablement pas tous les résultats de sa combinaison fortuite des atômes ; car assurément cet homme de bien qui voulait rendre heureux tout ce qui l'environnait, n'aurait pas détruit d'une main ce qu'il élevait de l'autre , en faisant cet assemblage monstreux de l'athéisme de Diagoras, avec la morale sublime de Socrate.

Epicure était bon citoyen, il ne voulut point sortir d'Athènes à l'époque de son siége par Démétrius-Poliocerte, il sentait que la Patrie pouvait avoir besoin de sa tête & de son épée : pendant tout l'intervalle de ce siége, on dit qu'il ne se nourrit que de féves, lui & ses disciples. Il mourut à l'âge de soixante & douze ans d'une rétention d'urine, dont il souffrit les douleurs avec une constance de héros. Cette mort arriva la seconde année de la cent vingt-septiéme Olympiade.

EPIMENIDE. — Voyez sa vie à la suite de celle de Solon, le législateur d'Athènes. (a).

EUCLIDE LE SOPHISTE. — Il naquit à Mégare, & s'annonça d'abord par une espéce d'idolâtrie pour Socrate. Il y avait alors une guerre cruelle déclarée, entre sa patrie & Athènes, & la haine de cette dernière ville était si violente, qu'il était défendu à tout Mégarien, sous peine de la vie, de paraître dans l'Attique. Euclide dans le délire de son enthousiasme philosophique, s'habillait en femme & la tête couverte d'un voile, se rendait, à l'entrée de la nuit, à la maison de So-

____

(a) *Hist. de la Gréce*, tom. V. pag. 56.

crate ; le péril qu'il courait ne servait qu'à rendre plus piquant à ses yeux, le charme de l'entretien du Philosophe.

Cette ferveur de Novice ne se soutint pas long-temps : Euclide, du vivant même de Socrate, fonda une Secte où on apprenait moins à former la raison qu'à disputer. Au reste il parait que cet abus de la dialectique, n'était dans le sage de Mégare, qu'une débauche d'imagination ; il resta toujours attaché à la morale & à la personne de son maître, & quand le fanatisme lui eut fait boire la cigue, il offrit un asile à Platon, & à tous les hommes éclairés que le crédit d'Anitus ne faisait point rougir du nom de Philosophes.

Euclide le Géometre. — Il naquit à Alexandrie, & fleurit environ quatrevingts ans après Euclide le Sophiste. Ses élémens de Géométrie que le temps a respectés, annoncent le grand pas que l'esprit humain avait fait de fon temps dans les fciences exactes. Les annales de la Philofophie moderne ont confervé l'anecdote de notre cé-bre Pafchal, qui à l'âge de douze ans & ne connaiffant pas même la Géo-métrie de nom, devina par la feule force de fon génie, les trente-deux premiers théoremes du livre d'Euclide.

GALIEN. — Ce fameux Médecin, né à Pergame, n'appartient qu'impro-prement au fiécle d'Alexandre, puifqu'il fleurit fous le regne de Marc-Aurele. Les ouvrages qui nous reftent de lui, font, avec ceux d'Hippocrate, les plus pré-cieux monumens des connaiffances des anciens fur l'art conjectural de la Médecine.

HERACLITE. — Il naquit à Ephèfe & fe mocqua toute fa vie de la Diane riche, mais ridicule, qu'on y révérait. Le fonds de fon caractère était une mifantropie vertueufe qui l'empêchait de rendre juftice à la nature humaine. Il vivait ifolé dans la folitude, pleu-

DIANE D'ÉPHÈSE.

rant fans ceffe fur les travers de l'homme , dont Démocrite dans la fuite ne
fit que rire. Avant de rompre ainfi
avec la fociété , il paraiffait ne fe plaire
qu'avec des enfants , comme étant
plus voifins de la nature. Il jouait avec
eux aux offelets , quand des dépu-
tés de fa patrie vinrent lui offrir une
Magiftrature : *une* , leur répondit-il,
*j'aime mieux jouer avec ces enfants, que
de gouverner des hommes corrompus.* Héraclite mourut , dit-on , d'hydropifie à
l'âge de cent ans. Il n'était d'aucune
fecte & il n'en fonda point. Le temps
a détruit jufqu'au nom de fes ouvrages.

HIPPOCRATE. — Ce Médecin célébre naquit dans l'ifle de Cos , il defcendait d'Hercule par fa mère , & appellé par fa naiffance à gouverner fes
concitoyens , il aima mieux les éclairer
& les guérir. Rien n'égale le noble
défintéreffement, avec lequel il fe con-
duifit dans la fameufe pefte du Pélo-

ponèse. Le trait eſt ſi beau que nous y avons conſacré un chapitre de cette hiſtoire des hommes (*a*).

Hippocrate était le moins dogmatique des hommes ; ſa théorie, fondée ſur le doute, ne marche jamais qu'à l'appui des faits. J'aime la noble franchiſe avec laquelle il avoue dans ſon Traité des Epidémies, que ſur quarante-deux malades qu'il traita, il n'en guérit que dix-ſept, & que les autres moururent entre ſes mains. Il dit ailleurs au ſujet d'une eſquinancie contagieuſe qui s'annonçait par les ſymptômes les plus terribles, *tous mes malades en échapperent, & s'ils étaient morts, je le dirais de même.*

Les ouvrages d'Hippocrate donnent une haute idée de ſa perſonne, & ſa perſonne donne la plus grande confiance en ſes ouvrages.

LEUCIPPE. — Ce diſciple de Zénon

(*a*) *Hiſt. de la Gréce*. Tom. VI. pag. 124.

d'Elée fut le maître de Démocrite.
On peut le regarder comme le vrai
fondateur de la doctrine corpusculaire. C'est lui qui imagina l'atomisme
que nous avons vu rectifié d'abord
par Démocrite, & devenu ensuite un
sistême de l'ensemble le plus ré-
gulier, graces aux syllogismes d'Epicure, & aux vers de Lucrèce. Les
détails sur la vie de Leucippe, ont
échappé également aux pinceaux de
l'histoire & aux calculs de la chronologie.

PARMÉNIDE. — Cet apôtre de l'Elea-
tisme, naquit à Elée, dans la soixante
neuviéme Olympiade. Il adopta la
mauvaise physique de son siécle, &
il la mit en vers, comme Xénophane
& Empédocle. Il fallait cependant que
les poëmes de ce Philosophe ne fus-
sent pas dépourvus de génie, puisque
Platon consacra à leur analyse un de
ses dialogues. Parménide fut nommé
législateur de sa patrie. Ce titre ho-

nore plus fa mémoire que le fuffrage de Platon & la célébrité de fes ouvrages.

PÉRIANDRE. — C'eft à l'hiftoire de Corynthe qu'on trouvera la vie de cet abominable tyran, dont la Gréce coupable a ofé faire un des fept Sages (*a*).

PHÉRÉCIDE. — Ce Philofophe né dans une des Cyclades commença par fe faire prophéte. A la maniere dont un vaiffeau voguait, il jugeait qu'il ferait naufrage. En buvant d'une eau trouble, il annonça que trois jours après, il y aurait un tremblement de terre, *& tout cela arriva, comme il avait été prédit*, dit le bon Diogène. Tout ce que Phérecyde a fait de mémorable fe réduit pour l'hiftorien, à dire qu'il imagina un cadran aftronomique & qu'il fut le maître de Pythagore.

(*a*) *Hiftoire de la Gréce.* Tome VIII. pag. 260.

PITTACUS.— La vie de ce fage de la Gréce, fait partie de l'hiftoire de Lefbos où il prit naiffance (a).

PLATON. — Ce grand homme naquit à Egine, il defcendait par fon père de Codrus, & par fa mère de Solon. Il paffa fon adolefcence à cultiver la peinture & la poëfie, mais dès qu'il eut connu Socrate, il brûla les tableaux & les poëmes qu'il avait faits, & ne fut plus que Philofophe.

Après avoir confacré une partie de fa jeuneffe à voyager afin de voir les hommes par fes yeux, plutôt que par les livres, il revint à Athènes chargé des dépouilles philofophiques du monde connu. Non loin des murs de cette Ville célebre, était un efpéce de Gymnafe décoré de ftatues, dont un Citoyen nommé Academus avait fait autrefois la promenade des Artiftes & des gens de Lettres. Nous avons

_____

(a) *Hift. de la Gréce.* Tom. VIII. pag. 279.

vu dans l'hiſtoire de Piſiſtrate, qu'Hipparque ſon fils l'avait entouré d'un portique ſuperbe, & qu'il s'y rendait ſans gardes & ſans répréſentation, rétabliſſant ainſi en qualité d'ami des Arts, le ſiſtême d'égalité qu'il détruiſait en qualité de Souverain. C'eſt dans ce ſéjour riant, au milieu des Dieux de ſa patrie & des mânes de ces grands hommes, que Platon vint établir ſon école, qui prit dès lors le nom d'Académie.

La vie de Platon eſt liée eſſentiellement à l'Hiſtoire politique de ſon ſiécle, & il eſt inutile de répéter ici ce que nous en avons dit dans les annales de la Sicile (*a*).

On prétend que Platon mourut à l'âge de 81 ans, le même jour qu'il était né; ce haſard ſingulier qui avait prolongé ſa vie préciſement juſqu'à

______

(*a*) *Hiſt. de la Gréce.* Tome VIII. depuis la pag 194, juſqu'à la pag. 215.

neuf fois neuf ans fut regardé comme une merveille, par la secte superstitieuse de Pythagore. On érigea à ce grand homme un tombeau, une statue & un autel dans l'Académie.

Platon parait avoir composé sa doctrine des dogmes épars de Socrate, d'Héraclite, de Parménide & de Pythagore.

Sa physique est celle de son temps, cependant il avait une des clefs de la nature, puisqu'il partait du grand principe que rien ne se fait de rien.

Sa métaphysique toute aérienne, ne s'occuppe qu'à écarter des nuages, ou en amasser ; on s'est battu pendant vingt siécles pour cette métaphysique, où chaque Sectaire rencontrait tout ce qu'il voulait, excepté la vérité.

Sa politique & sa morale, sont infiniment plus pures, & cela devait être, parce qu'il n'avait eu besoin pour y réussir, que de consulter sa belle âme & le génie de Socrate.

Toute la Philosophie de Platon est sous la forme de Dialogues. Ce grand homme avait choisi cette forme heureuse, afin d'avoir occasion de tempérer par des tableaux éloquents l'aridité de ses discussions métaphysiques, & il faut avouer qu'à cet égard les écrits du disciple de Socrate, font autant de chefs d'œuvres. Il entraîne par la magie de son style, avant qu'on ait eu le temps de se précautionner contre la faiblesse de ses raisonnements. Il avait, dit l'ingénieux Condillac, le talent de donner des couleurs aux objets, sans répandre sur eux aucune lumiere: deux choses qui paraissent se contredire, & qui s'allient néanmoins, quand on a beaucoup d'imagination & qu'on a adopté une mauvaise méthaphysique.

Il n'y a point d'homme d'Etat qui ne doive lire tous les ans les loix de Platon, & sa république, & malheur aux âmes glacées qui oseraient détourner de la lecture de ces ouvrages ad-

mirables,

mirables, en difant que ce font les
rêves d'un homme de bien !

PROTAGORAS. — Il eft trifte après
avoir parlé de Platon d'avoir quelque
chofe à dire de Protagoras. Cet athée
trop célébre exerça d'abord le métier
de porte-faix : Démocrite le vit un
jour arranger géométriquement des
fagots pour les tenir en équilibre, &
ce trait lui fuffit pour preffentir fon
génie : comme dans le fiécle dernier
un mathématicien devina celui du
jeune Pafchal en lui voyant tracer
avec du charbon les figures des éléments d'Euclide ; le fophifte qui paffa
fa vie à rire des hommes, mit Protagoras au rang de fes difciples,
lui donna fon manteau, fa phyfique
& fes erreurs, & le porte-faix un matin fe réveilla Philofophe.

Protagoras fut le premier des Grecs
qui proftitua la Philofophie, en don-
nant fes leçons pour de l'argent : cependant voyant qu'il ne s'enrichiffait

pas à apprendre à ſes diſciples les vérités vulgaires de la phyſique & de
la morale , il tint école ouverte d'a-
théiſme ; il ne fonda pas de ſectes ,
mais on vint en foule pour l'entendre,
& ſon but vénal fut rempli.

Encouragé par le ſuccès de ſes leçons , il oſa bientôt conſigner ſon
athéiſme dans un ouvrage que ſon audace
rendit célébre : Athènes inſtruite de
cet attentat contre l'ordre ſocial, brûla
le livre & bannit le ſophiſte , qui
mourut dans ſon exil ; il eût été plus
heureux , s'il n'eût jamais rencontré
Démocrite , & qu'il eût conſervé ſon
théiſme & ſes fagots.

PYRHON.——Ce fameux Sophiſte, Eléen
de naiſſance, naquit dans un temps ou toutes les ſectes Greques, à force de s'analyſer
& de ſe combattre, avaient mis à découvert le néant de leur ſiſtêmes. Frappé de
l'abſurdité des opinions dont chaque
Philoſophe cherchait à entourer ſon intelligence , il commença par douter de

tout & il finit par ne rien croire. S'il avait vécu dans le siécle des Locke & des Newton, son doute méthodique l'aurait conduit d'abord à peser tout & ensuite à croire.

Un des grands malheurs de Pyrhon est d'avoir suivi dans l'Inde le Sophiste Anaxarque, le même qui osa repaître la tyrannie d'Alexandre de l'idee qu'il n'y a point d'action injuste pour les Souverains; on est bien près de ne rien croire quand on ne croit pas à la vertu.

Pyrhon persuadé qu'il n'y a rien de réel de ce qui tombe sous nos sens, & que tout est illusion, se conduisait dans sa maniere de vivre conséquemment à son septicisme; s'il allait à la campagne, il marchait toujours devant lui, la rencontre d'un char ou d'un précipice ne l'obligeait pas à faire un pas en arrière, & il ne devait sa vie, dans ces circonstances, qu'au zèle de ses disciples qui ne le quittaient point. Cette parfaite indifférence avait amené le sophiste à dire qu'il n'importait pas plus à l'homme de vivre que de mourir. *Pourquoi donc ne meurs-tu pas?* lui dit un Philosophe, *je te l'ai dit*, répond Pyrhon, *parce que la vie & la mort sont pour moi d'une égale indifférence.*

On ne revient pas de son étonnement, quand on apprend de Diogène, que Pyrhon, par son dogme du doute universel, ennemi né des Dieux & des hommes, fut honoré dans sa patrie de la charge de grand Pontife, & qu'en considération de la gloire que sa célébrité faisait rejaillir sur elle, on y exempta de tout tribut la classe des Philosophes.

PYTHAGORE. — La vie de ce Philosophe est à l'Histoire de Samos, sa patrie, à la suite de la tyrannie de Polycrate (*a*).

(*a*) *Hist. de la Gréce.* Tom. VIII. pag. 160.

SOCRATE. — La vie de ce Sage à jamais célébre dans les annales du génie & de la vertu, occupe un volume presqu'entier de l'Histoire d'Athènes. (*a*).

SOLON. — Nous avons donné avec tous ses détails, la vie de ce Sage de la Gréce & l'Histoire de sa législation (*b*).

STILPON. — L'athéisme de Stilpon fut plus couvert que celui de Protagoras, & peut-être par-là plus dangéreux; il ne se permit contre le ciel que des épigrammes; mais dans une ville aussi frivole qu'Athènes, les épigrammes font plus de mal que les syllogismes; l'Aréopage lui intenta un procès criminel, mais celui-ci justifia ses plaisanteries par d'autres: les juges sourirent, & l'accusé fut absous.

Stilpon après cette aventure, devint,

______

(*a*) *Hist. de la Gréce.* Tom. IX. pag. 114.
(*b*) *Hist. de la Gréce.* Tom. IV. pag. 324.
& tome V. pag. 5.

je ne dis pas plus fenfé, mais plus circonfpect; un étranger lui ayant demandé dans une place plublique, s'il était vrai qu'il y eut des Dieux; *imprudent*, lui dit-il, *écarte la foule, & tu auras de moi une réponfe.*

Il parait que malgré la prudence de Stilpon, le cynifme de fes opinions était très-connu dans Athènes; un jour qu'il reprochait à la jeune Glycère de corrompre la jeuneffe, *qu'importe*, lui répondit-elle, *par qui elle foit corrompue, par une courtifanne, ou par un fophifte?*

Stilpon était de Mégare, il avait configné fa doctrine en neuf dialogues qui heureufement ne font pas parvenus jufqu'à nous. On ignore l'époque précife où il fleurit. On fçait feulement que laffé de fouffrir dans fa derniere maladie, il s'ennyvra pour accélerer fa mort.

STRATON. — Ce Sophifte né à Lempfaque & fils d'Arcéfilas, à force de

rêver fur la nature, parvint à fe per-
fuader que cet être qu'il ne pouvait
définir était la première des caufes.

Il fuppofait autant de fubftances
diverfes, qu'il y a de molécuies dans
la matière, & prétendait que l'affem-
blage de ces molécules, quoique fans
intelligence, avait en fe combinant,
produit les êtres intelligens.

Ce fyftême a été dans la fuite rectifié par Spinofa, & n'en eft pas
devenu plus raifonnable.

Straton fut le précepteur de Prolé-
mée Philadelphe, il eft probable qu'il
n'en fit pas un athée; car ce Prince
fut gouverner les hommes.

THALÈS. — Ce fage de la Gréce
était né à Milet d'une famille illuftre
qui defcendait de Cadmus & d'Agé-
nor; il fut le fondateur de la fecte
Ionique, ou plutôt de la Philofophie
grecque. Ses principes ne fe reffentaient
point du berceau des connaiffances
humaines. Il faifait de l'exiftence de

Dieu la bafe de fa morale, & ce Dieu, il le définiffait : *l'Etre qui n'a jamais commencé, & qui ne faurait finir.* Il croyait auffi qu'il n'y a point d'é-conomie fociale, fans le dogme facré de l'immortalité. On regrette qu'il ait gâté cette fage Philofophie par fes erreurs fur le célibat. Perfuadé que l'homme fur cet article n'a point de dette à payer, ni à la patrie, ni à la nature, il ne voulut point s'impo-fer la douce loi d'être pere & époux ; fa mere, lorfqu'il était dans la force de l'âge, voulut lui choifir une femme, *non il n'eft pas temps encore,* lui dit Thalès ; fes inftances redoublerent quelques années après, & le Philofo-phe répondit : *il n'eft plus temps.*

Thalès dans fes voyages en Orient, avait puifé les premiers élémens de l'aftronomie ; on lui attribue d'avoir tracé le premier, dans le Péloponefe, quelques cercles de la fphère, d'avoir obfervé la conftellation de la petite ourſe, & d'avoir appris aux Grecs à calculer les éclipſes.

On croit que la ſecte Ionique, fondée par Thalès, ſe propagea en Gréce ou à Rome, pendant cinq-cents ans. Le chef de cette ſecte était contemporain de Pharaon-Amaſis, & mourut à l'âge de quatre-vingt douze ans, pendant qu'il aſſiſtait au ſpectacle des jeux Olympiques.

Théodore. — Ce ſophiſte, fut diſciple d'Ariſtippe & prêcha l'athéiſme avec tant d'audace, qu'on le traîna devant l'Aréopage; il allait être condamné à boire la cigue, lorſque Démétrius de Phalere, indigné ſans doute qu'un athée partageât le ſupplice glorieux de Socrate, le fit ſortir d'Athènes.

Théodore ſe réfugia en Egypte, auprès de Ptolémée, fils de Lagus, qui l'envoya en Ambaſſade auprès de Lyſimaque. Le ſophiſte pour répondre à l'idée qu'on avait conçu de ſon courage, parla avec beaucoup de fierté au Souverain avec qui on l'avait chargé de traiter. Un favori de Lyſimaque en fut bleſſé, *tu t'imagines peut-être*, lui dit-il, *qu'il n'y a pas plus de Rois ſur la terre que de Dieux dans le ciel*, — *il faut bien*, répond Théodore, *que je croye à l'exiſtence des Dieux, puiſqu'ils ont à punir les êtres odieux qui te reſſemblent*.

Suivant quelques hiſtoriens, Théodore mourut dans ſon lit, ſuivant d'autres, ſon athéiſme le conduiſit au ſupplice.

THÉOPHRASTE.—Ce Philoſophe était de Lesbos, il s'attacha à Ariſtote qui en fit le confident de ſes penſées, & qui, à l'époque de ſon exil volontaire à Chalcis, le déſigna pour ſon ſucceſſeur à la chaire du Péripatétiſme. Théophraſte répondit à l'attente d'Ariſtote, & il compta bientôt deux mille diſciples. Il n'ajouta rien à la doctrine de ſon maître, & mourut à l'âge de 85 ans, murmurant contre la Providence, de ce qu'elle accordait à des oiseaux sans intelligence une vie plus longue qu'à l'homme, fait par sa raison pour être le Roi de la nature.

Timée. — Ce Philosophe naquit à Locres dans la grande Gréce, environ cinq-cents ans avant l'Ere vulgaire. Platon en faisait beaucoup de cas, & il a donné son nom au plus beau de ses dialogues. Il nous reste de lui un petit Traité assez obscur de *l'âme du monde*, qui renferme en quelques pages les élémens de la science universelle.

Xénocrate. — Ce disciple de Platon était de Chalcédoine, on lui reprochait une sorte d'austérité dans le caractère, qui repoussait la confiance. Aussi son maître lui recommandait sans cesse de *sacrifier aux Grâces*. Xénocrate fut après Platon chef de l'Académie.

Alexandre instruit de la renommée de Xénocrate, lui envoya cinquante talents, mais celui-ci les refusa, faisant entendre qu'on n'achetait pas à prix d'argent l'amitié d'un Philosophe.

Xénocrate composa plusieurs ouvrages philosophiques, & entr'autres un livre sur l'art de regner, qu'il envoya au héros de la Macédoine. Celui-ci le lut, l'admira & n'en fut pas moins l'assassin de Clitus, de Parménion & de Callisthène.

Ce Philosophe mourut à l'âge de 82 ans, la première année de la cent-seiziéme Olympiade.

Xenophane.— Ce chef de l'Eclectisme naquit à Colophon, au temps de la domination de Pisistrate, dans Athenes. On le bannit de son pays parce qu'il traita d'absurde l'idée d'Homère & d'Hésiode, que les Dieux naissent & meurent comme les hommes. Il se retira en Sicile, où manquant de tout, il fut réduit pour vivre à déclamer ses poësies. Son indigence ne l'empêcha pas de prolonger sa carrière, jusqu'au dernier période de la décrépitude. Ses enfans qu'il aimait moururent avant lui, & il eut le courage de les enterrer de ses propres mains.

La secte de Xénophane prit chez les anciens le nom d'Eleatique, à cause de trois partisans de sa doctrine, qui naquirent à Elée, & qui tous l'effacerent. Ces Philosophes, chez qui seuls on peut s'initier dans les mystède l'Eclectisme, sont l'un des deux Zénon, Leucippe & Parménide.

ZÉNON D'ELÉE. — Il donna quelque vogue à la méthaphysique obscure de Xénophane. Ce Philosophe regardait la nature comme une combinaison du chaud & du froid, du sec & de l'humide, & il composait l'âme du mêlange de ces éléments. Heureusement pour sa patrie, il était meilleur républicain que raisonneur. Néarque s'était fait tyran d'Elée, il conspira contre lui ; & appliqué à la torture, il eût le courage de nommer comme ses complices tous les favoris de Néarque,

qui à l'inftant furent envoyés au fupplice. Le tyran s'approcha enfuite de
fa victime, & lui demanda s'il y avait
encore dans la Ville quelque citoyen
digne de mort, *fans doute*, répondit
le Philofophe, *& cet homme c'eft toi.*
Le peuple fe fouleva, affomma Néarque à coups de pierres, & c'eft ainfi
que Zénon expirant, abbattit la tyrannie.

ZÉNON LE GRAND. — Ce célébre
patriarche du Stoïcifme, naquit dans
l'ifle de Chypre. Il fit d'abord le commerce de la pourpre, mais fon vaiffeau
dans une tempête ayant échoué non
loin d'Athènes, il y fixa fa réfidence.

Le cynique Cratès, l'athée Stilpon,
& le fage Xénocrate, furent tour-à-tour
les maîtres de Zénon. Il eut le bon efprit
d'adopter de leurs divers corps de doctrine, ce qui fe conciliait le mieux avec
les dogmes facrés de la nature, & il
en compofa un fiftème Philofophique,
auquel la Gréce, prête à tomber, &

Rome floriffante durent la plupart de leurs grands hommes.

Le nom de Stoïcien vint aux difciples de Zénon, du mot *Stoa*, qui fignifie portique, parce que ce grand homme tenait fon école fous un portique d'Athènes , comme Antifthène dans le Cynofarge & Platon à l'Académie.

Zénon vécut 98 ans, fans avoir jamais eu la plus légere incommodité. Sa mort paifible qui ne fut que le foir d'un beau jour , arriva fous le régne d'Antigone, en Macédoine.

Ce Zénon qui a quelquefois déraifonné fur les premieres caufes, mais qui a donné aux hommes une morale fublime, faifait de l'infenfibilité parfaite, ou de l'apathie l'unique principe de la félicité des êtres. Suivant ce Philofophe, Jupiter poffédait effentiellement l'apathie , & le fage en avait befoin pour le devenir.

Heureufement ce principe qui tendrait à isoler tous les êtres intelligens ne fut pas pris à la rigueur par les fameux Romains qui combattirent sous les drapeaux du Stoïcisme. Ce fut par exemple un grand bonheur pour le genre humain, que Marc-Aurele, l'enthousiaste de la doctrine de Zénon, ne fût pas jaloux de son apathie, & que sa grande âme ne cessât jamais d'être active, malgré les livres de son maître & l'exemple de Jupiter.

Le partisan de l'apathie est l'ennemi de la société; il substitue aux hommes de génie, des esprits pusillanimes, aux enthousiastes de la vertu, de frivoles discoureurs, & aux héros de la patrie de froides statues.

La physique de Zénon ne prêtait pas moins à la critique, que sa théorie méthaphysique sur l'apathie. Mais il faut juger ce grand homme par sa morale, & non par le néant de ses spéculations. Au fond que nous importe que l'essence de la nature soit de l'éther, que

le monde foit un grand animal fphé-
rique qui renait de fa cendre, comme
le phénix, & que les aftres fe nour-
riffent de vapeurs ? Ces vieilles erreurs ne rendent pas l'homme plus
heureux ou plus malheureux. Il n'en
eft pas de même des principes des
mœurs. Si un légiflateur fait en ce genre
un mauvais raifonnement , il peut
caufer le malheur de dix millions
d'hommes.

L'antiquité n'eut point un pareil
reproche à faire à Zénon. *Si je pou-*
vais , dit le célebre Montefquieu ,
oublier un moment le culte qui m'éclaire,
je ne pourrais m'empêcher de mettre la
deftruction de la fecte de ce grand hom-
me au nombre des malheurs du genre
humain (a).

Trois écrivains fameux nous ont fait
connaître la morale du portique, Sé-
néque , Epictète & Marc-Aurele. Ce

____

(a) *Efprit des Loix.* Liv. 24. Chap. 10.

dernier eſt peut-être celui dont le nom vivra le plus long-temps; il n'a ni la ſtérile fécondité du Précepteur de Néron, ni l'aride conciſion de l'eſclave d'Epaphrodite. L'homme d'eſprit parcourt Senéque, le miſantrope admire Epictète, mais le ſage lit Marc-Aurele.

CONSIDÉRATIONS
SUR LE RETARDEMENT
QUE LA PHILOSOPHIE GRECQUE
A APPORTÉ
AU PROGRÈS DE LA RAISON.

LES Grecs ont tant mérité de l'esprit humain dans les beaux arts, que l'analogie conduit à croire qu'ils ont fait les mêmes progrès en Philosophie ; cette induction est une erreur qui a retardé de plus d'un siécle l'avénement de la raison en Europe.

Il ne fallait aux grands artistes du siécle d'Alèxandre, que d'habiter un climat riant, de voir sans cesse sous leurs yeux des formes heureuses, d'unir dans leur imagination féconde le beau idéal, au beau de la nature, pour couvrir la Gréce de leurs ouvrages immortels : pour que la peinture s'énor-

gueillit de son enlevement de Gany-
méde & de ses deux Vénus, pour que
l'architecture décorât Athènes de ses
Propylées, pour que la sculpture créât
l'Hercule de Farnèse, l'Apollon du Bel-
vedere & le groupe de Laocoon.

Il ne fallait aux Poëtes de la Gréce
outre leur ciel, & le spectacle d'une
belle nature, qu'une langue harmonieuse
que leur imagination brillante pût modifier à leur gré, pour se rendre dans
leur art les modéles des générations
à naître, pour opposer à tous les siécles l'Iliade d'Homère, les Tragédies
de Sophocle, & les Odes d'Anacréon.

Il ne fallait aux Orateurs que le
sentiment de cette indépendance, qui
exalte l'âme de tout homme digne
d'avoir une patrie, pour donner à l'éloquence tout son ressort, pour qu'un
Demosthène avec ses harangues de
feu, balançât la politique artificieuse
de Philippe, & suspendît l'effet des
victoires d'Alexandre.

Pour la Philosophie, il lui faut d'autres points d'appui, pour prendre son essor. Et ces points d'appui manquaient aux beaux génies du siécle d'Alexandre.

La Philosophie n'a point de base, sans la Physique qui observe lentement la grande chaîne des faits, & qui la suit d'anneau en anneau, pour parvenir au premier de tous que tient la nature, & les Grecs n'eurent point de Physique.

En général l'imagination grecque était trop ardente & trop active pour se trainer péniblement à la suite de quelques faits isolés, dont la génération pouvait à peine se pressentir : les Philosophes du Lycée, du Portique ou du Cynosarge, aimaient mieux deviner la nature que d'attendre en silence ses oracles. Voilà pourquoi presque tous leurs fistêmes ne font que des édifices aëriens, que le souffle de la raison suffit pour renverser.

Ce n'eſt pas que quelquefois les Philoſophes de la Gréce, comme ſes prophêtes, à force de deviner, ne rencontraſſent juſte : par exemple Démocrite attribuait la cauſe des taches de la lune à la hauteur exceſſive des montagnes de cette planette, & à la profondeur de ſes vallées , il croyait que la voie lactée eſt un amas innombrable d'étoiles , dont la petiteſſe échappe à l'œil de l'obſervateur ; & il eſt bien ſingulier que l'imagination ſeule ait conduit le Philoſophe d'Abdére à des réſultats que les beaux génies de la Phyſique moderne ne doivent qu'au Téleſcope.

Mais le petit nombre de vérités éparſes dans ce prodigieux amas d'erreurs que nous tenons des Grecs , n'étant que le réſultat de l'imagination qui devine , & non de l'eſprit philoſophique qui obſerve , ne mérite pas qu'on faſſe honneur d'une Phyſique au ſiécle d'Alexandre.

Cependant quand l'aurore de la raifon vint éclairer l'Europe moderne,
la haute idée qu'on avait du fiécle
d'Alexandre & la perfuafion où l'on
fe trouvait, qu'on ne pouvait être
les légiflateurs du goût, fans être en
même-temps les légiflateurs de la Philofophie, firent qu'on adopta la mau-
vaife Phyfique des anciens, au lieu
d'en créer une nouvelle. Alors l'efprit
humain eut beau être fecoué, tous fes
mouvemens furent perdus pour le progrès des lumieres & pour le regne de
la vérité.

Les contemporains de Defcartes
s'attribuerent de grandes découvertes : celle qui aurait le plus honoré
leur fagacité, eut été peut-être la
découverte de l'ignorance des anciens, dans les Sciences phyfiques, ce
qui aurait épargné bien des erreurs
rajeunies aux Philofophes du fiécle de
Louis XIV.

Defcartes qui cependant par l'introduction de son doute méthodique avait annoncé qu'aucune des erreurs anciennes ne serait sacrée pour lui, par une contradiction étrange, prit à Platon sa chimère des idées innées, se contentant de substituer la préexistence des âmes à leur émanation de la divinité, enseignée par le fameux disciple de Socrate. (*a*).

Dans le même temps Gassendi pre

(*a*) Au reste ce Philosophe, qui d'ailleurs a tant mérité de l'esprit humain, ne cachait pas les sources où il puisait, soit ses Contes philosophiques, soit les grandes vérités qu'il apportait à son siécle. *Nec me etiam*, dit ce grand homme, *primum ullarum inventorem esse jacto, sed tantùm ne nunquàm illas pro meis adoptasse, vel quòd ab aliis priùs recepta fuissent, vel quòd non fuissent; verùm unicam hanc ob causam quòd mihi eas ratio persuasisset.* Voy. Desc. *de Methodo*, Tom. I. pag. 47. -- Il a beau ajouter qu'il ne s'est déterminé que par la raison & non par l'autorité; comme la raison ne fait point faire des paralogismes, il est évident qu'il n'a été conduit au paradoxe des idées innées, que par l'autorité.

nait à Epicure sa philosophie corpusculaire que celui-ci tenait de Démocrite, & que ce dernier avait puisé
probablement dans les écrits du Phé-
nicien Moschus (*a*). C'est d'après cette
Philosophie corpusculaire, rajeunie par
Gassendi, que Newton avança « qu'une
» particule de matiere étant donnée,
» dans son dernier période de division,
» & un espace quelconque étant admis
» dans la plus grande étendue que lui
» prête l'imagination, il est possible que
» l'élement de matiere s'étende sur tout
» l'espace & le couvre, de maniere qu'il
» n'y ait aucun pore dont le diamétre
» surpasse la plus petite ligne donnée ».
Quand cette proposition fut jettée dans
le monde sçavant, elle y parut entié-
rement neuve. On ne se doutait point
alors, qu'Anaxagore avait dit au commencement du siécle d'Alexandre, que

______

(*a*) *Sext. Empiric.* lib. 9. advers. Mathe-
mat.

s'il se trouvait un agent assez subtil pour diviser jusqu'au point où la Philosophie l'imagine, la patte d'un ciron, on couvrirait de ces corpuscules cent millions de cieux, sans que la patte du ciron s'épuisat (a). Rêverie ingénieuse que Démocrite renouvella dans la suite, en disant : *qu'il était possible de faire un monde avec un atôme (b).*

Leibnitz, le Descartes de l'Allemagne, crut bâtir un nouvel univers avec ses Monades, & il s'est trouvé que le nom & la chose étaient dans Pythagore (c), le même Philosophe que nous avons vu déraisonner, d'une manière si brillante, dans son sistême de la Métempsycose.

(*a*) *Aristot.* Phys. auscult. lib. 3.

(*b*) *Stob.* Eclog. Physic. lib. 1. -- Ce rapprochement est tiré des *Recherches* sçavantes de M. Dutems, l'éditeur de Léibnitz.

(*c*) *Monas initium omnium è cujus figuris & numeris elementa fiunt.* Voy. *Hermias*, Irris Philos. Gentil. Sect. 16.

Il faudrait faire un volume entier, fi on mettait fous les yeux toutes
les opinions des Philofophes de l'antiquité, fur lefquels nos Philofophes
modernes ont bâti une partie de leur
renommée ; mais ce volume fait pour
fatisfaire une curiofité frivole, ne doit
point entrer dans une hiftoire des
hommes. Au fond qu'importe à l'être
qui s'éclaire , d'étudier des opinions
pour fçavoir des opinions ? Il ne faut
à fon inftruction que le tableau des
grandes erreurs qui ont partagé le
monde : la carte de fes navigations
dans l'Océan des préjugés , ne doit
être marquée que des écueils célébres ,
pour lui éviter des naufrages.

Cette manie d'adopter des opinions
bizarres , auxquelles leur antiquité tenait lieu de vérité , manie qui , à la
renaiffance de la raifon en Europe , a
porté tant de préjudice au progrès des
lumières , aujourd'hui que l'homme
plus inftruit ofe penfer d'après

lui-même, ne difparaît point encore.
N'avons-nous pas vu dans un livre
dédié à Fontenelle, un Conful d'Egypte rajeunir la rêverie de Thalès, que
l'eau à tout organifé fur ce globe, &
en conclure que Corneille & Newton
ont la même origine que l'Huitre &
le Requin? Un autre Philofophe qui
d'ailleurs honore fa nation par fes talents,
n'a-t-il pas voulu diffiper les téné-
bres de la génération avec fon prétendu flambeau des molécules organiques?
Et quand de bons efprits ont avancé qu'une molécule qui n'eft ni animal, ni végétal, ne fçaurait produire
des animaux & des végétaux, quand
ils ont ajouté que cette molécule ne
pouvait être moulée dans le moule
intérieur, parce que fi les élémens fe
modifiaient, ils ne feraient plus élémens, & que s'ils étaient inaltérables,
il ne pourraient concourir à la formation des êtres organifés, les défen-
feurs de cette rêverie philofophique,

réduits au silence par les raisonnemens, n'ont-ils pas eu recours à l'autorité ? n'ont-ils pas voulu rendre leur paradoxe aussi sacré qu'un système de Religion, en déclarant que le Pline de la France, ne l'avait developpé qu'après Empédocle, Plotin & Anaxagore (*a*).

(*a*) Les textes rapprochés de ces Philosophes anciens sur la génération, se trouvent dans les *Recherches* très-sçavantes de l'éditeur de Leibnitz.

On connait le sistême des Homæomeries d'Anaxagore ; on sçait que ce fameux instituteur de Périclès croyait, comme l'auteur de notre *Histoire naturelle*, que le sang est formé d'élemens sanguins, ou de molécules organiques de la même substance, que la nutrition & la végétation sont les agents ordinaires de la nature dans la reproduction des êtres ; que nos alimens se convertissent en veines, en arteres, en nerfs, en os, parce qu'il y a en eux des parties constituantes, des veines, des arteres, des nerfs & des os. Il suffit de lire Plutarque, *De Placit. Philosoph.* lib. 1. cap. 3. pour y voir le germe du sistême des molécules. L'homme de goût le retrouve avec non moins de

Il nous femble que le temps devrait être venu, de n'adopter des anciens que le code admirable qu'ils nous ont laiffé fur les matieres de goût, &

---

clarté, dans le premier chant du Poëme de Lucrèce, qui renferme l'expofition de la fable des Homæoméries.

Empédocle eut fur les molécules la même doctrine qu'Anaxagore, & il l'exprima prefque dans les mêmes termes que M. de Buffon. ›› Le fluide féminal des deux fexes contient, ›› dit-il, toutes les molécules analogues au ∞ corps de l'être animé, & néceffaires à fa ›› reproduction ››. *Empedocles quidem divulfa effe fobolis membra diebat ut in fœminæ alia, alia in maris femine continerentur.* Voy. *Galen.* de Semine. lib. 2. cap. 3.

Plotin n'a fait que donner une nouvelle forme à la penfée originale d'Empédocle, en difant que la variété des molécules fimilaires, qui fe rapprochent, concourt à la formation des êtres animés. Il appelle cette loi nouvelle *la force magique de l'univers.* Voy. *Plotin.* Ennead. 4. lib. 4. & qualité occulte pour qualité occulte, l'homme qui veut rêver fur la génération, peut choifir entre les molécules organiques & la force magique de l'univers.

d'abandonner toutes ces vieillles erreurs philosophiques, qui transplantées
par-tout, ont envahi par-tout l'empire
de l'opinion, & qui ne laissent aucune
place à la vérité, comme les forêts
immenses des Indes occidentales ne
laissaient aucune place à l'Agriculture.

Et si des enthousiastes aveugles nous
reprochaient de renverser d'antiques
autels, nous ajouterions à nos raisonnemens de grandes autorités. Nous leur
dirions que Bacon, Loke & Newton
n'ont bâti que sur les ruines de la
Philosophie grecque, l'édifice des connaissances humaines. Nous leur cite-
rions ce texte de l'ingénieux instituteur
de l'Infant de Parme, qui réunissait à
quelques égards l'imagination de Platon
avec l'âme de Montausier.

» Les Philosophes (Grecs) ont mal
» commencé,& l'analogie les a conduits
» d'erreurs en erreurs, bien plus rapide-
» ment qu'elle ne nous conduit aujour-
» d'hui de vérités en vérités.

» Leur premier & principal objet
» a été d'expliquer l'origine & la gé-
» nération de tout ce qui exifte; mais
» ils ne pouvaient pas obferver cette
» origine & cette génération, ils ne
» pouvaient donc pas la découvrir.

» Quelle conduite ont-ils donc tenus
» dans cette recherche? Ils ont rai-
» fonné d'après les préjugés reçus; ils
» ont effayé de fe faire des idées moins
» communes; ils ont dit des abfurdi-
» tés plus ingénieufes; ils fe font
» perdus dans la chimère des abftrac-
» tions.

» Ces premiers Philofophes ont re-
» gardé autour d'eux, & auffi-tôt ils
» ont cru comprendre. Il femble que
» leur premiere penfée ait été : *nous*
» *voyons tout, nous pouvons rendre rai-*
» *fon de tout.* Ils voyaient comme un
» fonge l'univers fe former à leurs
» yeux, ils rêvaient les principes des
» chofes, & ils ne s'éveillaient point.

DE LA

DÉCADENCE DE LA GRÈCE,

APRÈS LA MORT D'ALEXANDRE.

LA bataille de Chéronée fut le tombeau de la liberté de la Grèce, & la mort d'Alexandre, le tombeau de sa Monarchie.

Il ne nous reste presque plus rien à dire, ni sur les vaincus, qui furent si long-tems les instituteurs du monde, ni sur les vainqueurs, qui n'eurent pas le tems de le devenir à leur tour ; & notre silence sur une époque, qui n'est point stérile en évènemens, mérite qu'on le justifie.

Alexandre, en mourant, ne s'était point désigné de successeur. Roxane, une de ses femmes, était enceinte ; mais on ignorait quel serait le sexe de l'enfant, qu'elle allait faire naître. Aridée, frère naturel du Héros, était dans une espèce de stupidité, que la jalousie d'Olympias avait encore augmentée par des breuvages. Tous les Capitaines, qui avaient servi sous Alexandre, regardèrent alors sa brillante Monarchie, comme une succession vacante, & s'accordèrent à la démembrer ; on laissa le fantôme de Roi, Aridée, avoir des Gardes qui lui obéissaient à peine, & signer des Edits qu'il ne faisait pas ; on convint, pour affoiblir encore son pouvoir, qu'il le partagerait avec le fils de Roxane ; & les dix Généraux Macédoniens allèrent régner chacun dans leur Gouvernement.

Après vingt ans d'une guerre variée, soit dans ses succès, soit dans ses horreurs, les dix nouveaux Souverains se trouvèrent réduits à quatre. Ce fut la bataille d'Ipsus où Antigone perdit la vie, qui amena le vrai partage du monde conquis par Alexandre. Cassandre, fils d'Antipater, eut la Macédoine & la

Grèce ; on donna à Lyſimaque la Thrace,
la Bithynie , & quelques Provinces au-
delà de l'Helleſpont ; l'Egypte, la Lybie,
l'Arabie & la Celeſyrie furent l'apanage
de Ptolémée ; & Séleucus obtint la Syrie,
& toute la haute-Aſie juſqu'à l'Indus &
à l'Euphrate.

La Macédoine reſta peu de tems dans
la maiſon de Caſſandre ; comme elle
avait épuiſé toute ſa force ſous le Héros
qui vainquit Darius , elle reçut preſque
ſans combat le joug que tous les Guerriers qui ſe préſentèrent ſur ſes frontières
voulurent lui impoſer. Son peuple, ſans
vigueur & preſque ſans phyſionomie , ne
mérite d'occuper le pinceau de l'Hiſto-
rien, que lorſque ſes annales ſe trouvent
liées avec celles de Rome, qui l'engloutit dans ſes conquêtes.

La Monarchie de Lyſimaque eſt encore
moins digne de nos regards. Après la
mort de ce Prince, tué ſur un champ de
bataille , & le maſſacre de toute ſa famille , les Provinces iſolées qui la com-

poſaient, paſsèrent à divers Souverains, qui n'ayanr eu qu'un moment d'exiſtence, ne doivent occuper auſſi qu'un très-petit coin, dans le grand tableau de l'Hiſtoire Romaine.

L'Egypte & la Syrie, gouvernées toutes deux pendant pluſieurs ſiècles par les mêmes Dynaſties, méritent ſeules de n'être point confondues avec Rome conquérante. Auſſi, nous ne tarderons pas à nous en occuper, en traitant à part l'hiſtoire des Ptolémées, & celle des Séleucides.

Nous avons dit que la Grèce avait été compriſe dans le partage de Caſſandre. Elle ne réclama point contre ce Traité qui l'humiliait, & ſon ſilence annonce qu'elle méritait de l'être. Mais du moment que cette Grèce n'eſt plus libre, elle n'a plus d'hiſtoire.

Cependant, on eſt curieux d'être inſtruit de quelle manière les vainqueurs de Xerxès ont fini, comme le voyageur cherche avec intérêt le fleuve rapide du

Rhin, dans les fables où il se perd. Ainsi,
il faut encore consacrer quelques pages à
l'histoire stérile de la décadence du Péloponèse.

Puisque Thèbes, dont Epaminondas
avait fait quelque tems la Puissance do-
minante de la Grèce, n'est plus, cette
Histoire se borne à un coup-d'œil rapide
sur Lacédémone, sur Athènes, & sur
cette Corinthe, devenue le sanctuaire des
Arts, & l'entrepôt du Commerce du
globe, jusqu'à son incendie sous Mummius.

DE

LACÉDÉMONE,

JUSQU'A LA DESTRUCTION

DES DEUX TRONES DES

HÉRACLIDES (a).

Nous avons laissé les deux Héraclides, Arétas I & Eudamidas sur le trône de Lacédémone (*b*), lorsque nous avons quitté cette République, qui n'était plus

------

(*a*) Nous ne citerons plus nos autorités, parce qu'ici les grandes histoires nous manquent : il ne nous reste plus qu'à glaner dans des fragmens d'Ecrivains peu authentiques, ou à rapprocher quelques textes épars dans Diodore, Polybe, Tite-Live, Plutarque & Pausanias.

(*b*) *Hist. de la Grèce*, tome VI, page 320.

que l'ombre d'elle même, pour nous occuper de Puissances dominantes, telles
que Thèbes, la Sicile & la Macédoine.
Arétas ne commença à régner qu'après la
mort d'Alexandre. Ce Prince trouva un
concurrent sur les marches du trône.
C'était son oncle Cléonyme, qui, obligé
de céder à la volonté de la Nation, alla
en Epire soulever Pyrrhus contre son
nouveau Souverain. Pyrrhus, qui n'at-
tendait qu'un prétexte pour parler à la
Grèce en Souverain, menaça Lacédémone d'une invasion, si elle ne couron-
nait pas Cléonyme ; & c'est alors que la
ville de Lycurgue, (qui l'était encore
quelques momens) répondit par la bouche
de son Ambassadeur Dercyllidas : *Si
Pyrrhus est un Dieu, nous ne le craignons
pas, parce que nous avons une Religion ;
s'il n'est qu'un homme, il ne peut nous
faire trembler, puisqu'il nous ressemble.*

Cependant, Lacédémone ne soutint
pas sur les champs de bataille la vigueur
de cette réponse. Elle fut vaincue &

affiégée ; & fi le Héros de l'Epire ne l'avait pas laiffé refpirer un moment, pour s'aller faire tuer dans Argos, c'en était fait de la République, de fes Ephores, & de fes Héraclides.

On voit, à cette époque, quatre Rois dans les deux Dynafties des Héraclides, qui ne fourniffent que des noms ftériles à l'Hiftoire (*a*). Ce font, ACROTATOS I & ARÉTAS II fur le trône des Agides, & ALEXIDAMIE IV avec EUDAMIDAS II fur celui des Proclides. LÉONIDAS III, qui remplaça ARÉTAS II, eft un peu plus digne de nos crayons.

Léonidas avait été élevé à la Cour des Séleucides, & y avait puifé un amour du luxe, très-incompatible avec les institutions auftères de Lycurgue. Appellé

(*a*) Le Tableau chronologique de leurs règnes, ainfi que de ceux de leurs fucceffeurs, jufqu'à la mort des Héraclides, fe trouve à la fin du Tome XII de cette Hiftoire, à la fuite des Faftes de la Grèce.

dans sa Patrie pour y régner, il voulut la corrompre ; & la République, soulevée par les Ephores, lui fit son procès. Cléombrote, son gendre, se joignit aux mécontens, guidé par son ambition bien plus que par son patriotisme. Alors ce Monarque, qui craignait le sort terrible de Pausanias, un de ses prédécesseurs, se sauva, accompagné de sa fille, qui aima encore mieux être malheureuse avec son père, que de régner avec son époux.

Cléombrote II se soutint quelque tems au milieu des orages, grace à la prudence d'Agis III, son collègue, & à la haine que les vieux Patriotes conservaient contre les corrupteurs des Loix. Mais comme la faction la plus nombreuse était sans caractère, & par conséquent aisée à pervertir, on commença par regretter Léonidas, & on finit par le rappeller. Au moment de la révolution, les deux Rois cherchèrent un asyle dans le temple de Minerve. Cléombrote fut exilé ; pour Agis, on le tira par artifice de l'édifice sacré où il s'était réfugié, & on le condamna à mort. On ne pouvait reprocher d'autre crime à cet infortuné, que d'avoir voulu rétablir les loix de Lycurgue. Mais quand les mœurs générales sont dépravées, on n'est jamais impunément au-dessus de son siècle. Comme on conduisait ce Prince à l'échafaud, il vit pleurer un des satellites de la tyrannie : *Mon ami*, lui dit il, *ne pleure pas sur moi ; ma conscience est pure, & je suis plus heureux que ceux qui me condamnent*. Cet Agis méritait de régner avec le Léonidas qui mourut aux Thermopyles.

Le Léonidas, assassin d'Agis, laissa sa couronne en mourant à Cléomène III, qui, pour empêcher les Ephores d'attenter davantage à la personne des Rois, les fit tous assassiner, à l'exception d'un seul, bannit quatre-vingt des principaux Citoyens, & le lendemain de cette tragédie terrible rétablit la communauté de

biens, & toutes les institutions vigou-
reuses de Lycurgue. Comme la mort
d'Eurydame, qui avait remplacé obscurément le dernier martyr des Loix, avait
laissé vacant le trône des Proclides,
Cléomène, pour rassurer ses concitoyens sur son despotisme, y plaça Epi-
clidas son frère. Il se mesura ensuite
avec succès contre le célèbre Aratus, &
contre les Ptolémées ; s'empara d'une
partie du Péloponèse, & entoura ainsi
de quelques rayons de gloire le tombeau
de Lacédémone.

La bataille de Sélasie que Cléomène
perdit contre Antigone, Roi de Macédoine, fit ses malheurs & ceux de sa
Patrie. Ce Prince ayant demandé un
asyle aux Ptolémées, l'un d'eux le fit
jetter dans un cachot. Douze de ses
amis tentèrent de le dérober à tant d'opprobre ; mais le complot n'ayant pas
réussi, ils furent obligés de s'entretuer.
Le soir même on massacra la mère de
l'infortuné Monarque, & on exposa le

cadavre du vainqueur d'Aratus ſur une croix.

Antigone, après la fuite de Cléomène, avait marché vers Sparte, & s'en était emparé. Cette République reſta ſous le joug de la Macédoine, juſqu'à ce que les Etoliens firent une ligue avec elle, & engagèrent ſes Ephores à élire deux nouveaux Rois. Le choix tomba ſur AGÉSIPOLIS III, petit-fils de Cléombrote exilé par Léonidas, & ſur LYCURGUE II. Ce dernier, dont la naiſſance était ſuſpecte, fut obligé de donner un talent à chacun des Ephores, pour ſe faire reconnaître en qualité d'Héraclide. A peine commençait-il à jouir du pouvoir ſuprême, qu'il crut au-deſſous de ſon génie de le partager. Il bannit le jeune Agéſipolis ſon collègue, & fut lui-même la victime d'une autre révolution. Son règne ne fut que de quelques mois. Sparte, après lui, redevint une Province de la Macédoine. Il eſt très-ſingulier que cette fameuſe République, ayant proprement commencé à un Lycurgue, se soit éteinte soûs le seul de ses Princes qui ait osé porter le même nom. La mort d'Agésipolis III & de Lycurgue II, amena l'extinction des deux Dynasties royales des Héraclides; évènement qui tombe à l'an 1363 de l'Ere de Paros, c'est-à-dire, (à un an près) vingt siècles avant l'époque où nous écrivons cette Histoire.

Un Tyran, nommé Machanidas, se-coua ensuite, au nom de sa Patrie, le joug de ses Maîtres, & se fit Souverain dans la ville qu'il venait de rendre libre. Mais Philopémen, Général des Achéens, à qui son ambition portait ombrage, le combattit, & le renversa mort sur le champ de bataille.

Lacédémone, en voyant tomber son Tyran, vit la tyrannie lui survivre. Un scélérat, nommé Nabis, dont l'ame était pétrie de fiel & de sang, comme celle des Phalaris & des Néron, s'empara à main armée du pouvoir suprême, & le conserva à force de violences. Le cri des

opprimés parvint enfin jusqu'à Philopémen, l'ennemi né des Tyrans. Nabis
fut massacré, & son pays sans Souverain
fit partie de la Ligue Achéenne, jusqu'à
ce que Rome engloutit & la Métropole,
& les Provinces dans ses vastes conquêtes.

D'ATHÈNES,

JUSQU'A CE QU'ELLE FASSE PARTIE DU MONDE RO-MAIN.

ATHÈNES fit éclater à la nouvelle de la mort d'Alexandre une joie puérile, qui trahissait sa foiblesse. Antipater le sut, & vint à la tête d'une armée, venger la mémoire du Héros de la Macédoine. Après une bataille, où les Athéniens ne perdirent cependant que cinq cents hommes, ce peuple aussi découragé qu'a-près les vingt-sept ans de la guerre du Péloponèse, reçut garnison Macédonien-ne dans ses ports, & se fit tributaire de ses vainqueurs.

Athènes alors n'avait que deux Héros

pour la défendre. L'un, avec fa plume; l'autre, avec fon épée. Nous avons vu quelle fut leur deftinée. Démofthène s'empoifonna, pour ne point tomber entre les mains des fatellites d'Antipater; & Phocion, bien plus malheureux, parce que fes derniers regards ne fe tournèrent que fur une Patrie ingrate, condamné à mort par le peuple, dont il avait été la gloire quarante ans, entra dans un cachot, pour y fubir le fupplice de Socrate.

Dans l'intervalle de la mort de ces deux grands hommes, l'Orateur Démade, qui avait tant de fois fait fervir fon éloquence vénale pour la caufe des Tyrans, avait péri d'une manière tragique, mais fans qu'aucun regret vînt honorer fa mémoire. Il entretenait à la fois une correfpondance criminelle avec Perdiccas & avec Antipater. Ce dernier, inftruit par une lettre interceptée, qu'on le trahiffait, ordonna que le fils de l'Orateur fût égorgé en préfence de fon

VENUS SORTANT DES EAUX.

père , & de manière que son sang re-
jaillît sur lui, ensuite il l'envoya lui-
même au supplice.

Cassandre , successeur d'Antipater ,
appesantit encore le joug d'Athènes , en
mettant garnison dans sa citadelle. Heureusement, Démétrius de Phalère , qu'il
nomma son Vice-Roi , était ennemi du
sang ; il traita ses concitoyens avec dou-
ceur , & dora leurs chaînes , ne pouvant
les briser. Les Athéniens, adulateurs jus-
ques dans la reconnoissance la plus légitime, lui érigèrent à-la-fois, dans leurs
temples & dans leurs édifices publics ,
jusqu'à trois cents statues.

Démétrius , pendant son gouvernement, embellit la ville d'un grand nombre d'édifices magnifiques ; il encouragea
les Arts , & sur-tout la Sculpture. Une
tradition (vague, il est vrai,) rapporte ,
à cette époque, une des belles statues du
siècle d'Alexandre , que Rome moderne
conserve parmi ses monumens. C'est la
Vénus sortant des eaux, qui sourient, à

quelques égards , le parallèle avec la fameuse Vénus de Médicis.

Démétrius Poliocerte vint délivrer les Athéniens du joug de Caflandre , & c'est alors qu'on vit dans tout son jour la baffeffe de ce peuple , qui n'avait plus que les vertus des efclaves : ils firent l'apothéofe du Prince & d'Antigone fon père , inftituèrent un culte en leur honneur , & voulurent que le nom du Pontife de cette Religion nouvelle fût fubftitué à celui de l'Archonte , pour défigner l'année politique. En même tems , on traîna dans la fange les ftatues mutilées de Démétrius de Phalère , & non contens de condamner à mort ce grand homme , on envoya , fous le fceau de l'autorité publique , des fatellites pour l'affaffiner.

Le libérateur d'Athènes fut , quelque tems après , défait par les fucceffeurs d'Alexandre , dans une bataille où fon père perdit la vie , & on lui refufa un afyle dans cette même ville , où on lui avait inftitué un culte comme à un Dieu tuté-

laire. Il vint avec une armée au pied de
ses remparts, s'en fit ouvrir les portes, &
logea ses soldats au Pyrée, & dans la citadelle. On se doute bien que les adula-
tions de ce peuple dégradé, recommen-
cèrent avec plus de force que jamais.
Démétrius essuya de nouveaux revers,
alors on renversa de nouveau ses statues ;
on dégrada son grand Pontife, & on
anéantit sa Religion.

Athènes, depuis ce moment, n'a aucune existence jusqu'à Aratus, un des
Héros de la Ligue Achéenne, qui vint
dérober cette ville au joug Macédonien,
vers le commencement de la cent trente
deuxième Olympiade.

La mauvaise politique de cette ville,
qui lui fit épouser la querelle de Mi-
thridate, l'entraîna dans le désastre de ce
fameux ennemi du nom Romain. Sylla
se présenta devant ses remparts ; &
comme le siége traînait en longueur, il
dépouilla les temples de Delphes &
d'Epidaure, pour payer ses soldats. Après

une réſiſtance aſſez longue, qu'on ne devait pas attendre d'une ville, qui, depuis tant d'années ſe ſurvivait à elle-même, le Général Romain entra par la brèche, dans la patrie des Thémiſtocle & des Phocion, la livra au pillage, & permit au ſoldat effréné de paſſer au fil de l'épée juſqu'aux vieillards & aux femmes; la nuit ſeule mit fin au carnage. Le vainqueur féroce, en proſcrivant les hommes, avait fait grace aux édifices.

Athènes, ſoumiſe à Sylla, ſubit encore diverſes révolutions; mais elles tiennent à l'hiſtoire de Rome. Cette ville avait joui d'une ombre de liberté pendant un peu plus d'un ſiècle & demi; & ſon déſaſtre, ſous le fameux Dictateur Romain, tombe à l'an 1496 de l'Ere de Paros, qui répond à la troiſième de la cent ſoixante & treizième Olympiade.

DE
LA LIGUE ACHÉENNE.

SI quelque chofe peut nous confoler de la vieilleffe de la Grèce, c'eft la Ligue Achéenne, qui offre encore quelques traces de génie & de courage, au milieu des ruines des Républiques du Péloponèfe, & qui, par la réfiftance que fes Héros oppofent à ceux de Rome, retarde peut-être d'un demi-fiècle l'efclavage du monde.

L'Achaïe n'eft qu'une petite bande de terre, qui s'étend le long du golfe de Corinthe. Elle fecoua de bonne heure le joug des Rois, pour former une République fédérative. Tous les peuples qui entrèrent dans la Ligue, quoiqu'indépendans les uns des autres, eurent la même monnaie, les mêmes mefures, & les

mêmes loix ; on aurait pris l'Achaïe entière pour une feule ville ; grace à cette
concorde admirable , elle fut heureufe,
mais obfcurément , depuis l'expulfion
d'un Gygès , qui a pu être contemporain
des premiers Héraclides , jufqu'à l'expédition brillante de Pyrrhus en Italie.

A cette époque , pendant que le pa-
triotifme s'éteignait dans le cœur du refte
des Grecs , il fe ralluma avec plus d'activité que jamais dans celui des Achéens.
On forma une nouvelle Ligue , dont
Ægium , ville de Macédoine , qui avait
fecoué le joug des fucceffeurs d'Alexandre , devint la métropole. Vingt-cinq
ans après , Aratus y fit entrer Sicyone fa
patrie , Mégare & Corinthe ; & bientôt
les Tyrans de Trézene , de Mégalopolis,
d'Epidaure , d'Argos & d'Hermione,
s'étant démis du pouvoir fouverain , à
condition qu'on oublierait qu'ils l'avaient
ufurpé , toutes ces villes furent admifes
dans la nouvelle Alliance.

Les peuples du Péloponèfe , qui ne

composaient pas la République fédérative, regardèrent ses succès d'un œil jaloux : les Etoliens se réunirent aux Spartiates, (qui alors ne l'étaient plus que
de nom) & la guerre se déclara. Les
premiers évènemens ne furent pas favo-
rables à la Ligue Achéenne, malgré le
génie d'Aratus, qui en dirigeait tous les
mouvemens ; mais ce Héros appella dans
le Péloponèse Antigone, Roi de Macédoine, & cette diversion plus utile qu'honorable au Héros de Sicyone, empêcha
l'Achaïe de subir le joug de Lacédémone.

Antigone gagna la bataille de Sélasie,
entra en triomphe dans Argos, où se tenaient les Etats Généraux de l'Achaïe, &
s'en fit déclarer le Protecteur. Sa mort,
qui arriva peu de tems aprés, l'empêcha
de donner ses loix au peuple libre, qui
avait eu la faiblesse de s'en laisser pro-
téger.

Les Etoliens, après la défaite de Lacédémone, ne se découragèrent pas ; ils

formèrent, de leur côté, une Ligue pareille à celle de l'Achaïe, & presqu'aussi formidable. L'idée d'abattre une Puissance rivale, leur donna un moment cette énergie, qui fait faire de grandes choses aux peuples, qui ont un caractère : ils vainquirent Aratus à Caphyes, pillèrent la campagne de Sicyone, & menacèrent d'envahir tout le Péloponèse. La Macédoine intervint encore dans cette querelle, & l'Achaïe fut sauvée une seconde fois.

Aratus, le restaurateur de la République Achéenne, mourut avant que la guerre avec l'Etolie fût terminée. Mais Philopémen, en succédant à ses dignités, succéda à sa gloire. Ses victoires amenèrent enfin une paix honorable pour sa patrie, & les Achéens furent reconnus comme la Puissance prépondérante de la Grèce.

A peine cette supériorité de la Ligue Achéenne commençait-elle à s'affermir, que Rome vint se heurter contre la Macédoine; les Achéens prirent parti contre cette dernière Puiffance, & l'évènement juftifia leur politique; car ils défirent le Roi Philippe à la bataille de Cynocéphale.

Rome, pour récompenfer fes Alliés, qui l'avaient aidée à triompher de la Macédoine, déclara toute la Grèce libre. Celle-ci eut la faibleffe de fe croire telle, parce qu'un Proconful le lui annonçait folemnellement aux Jeux ifthmiques; & par reconnoiffance, elle racheta environ douze mille Romains vendus par Annibal, & femés fur les côtes du Péloponèfe.

Philopémen, après le départ de l'armée Romaine, continua le cours de fes exploits; il délivra Lacédémone de la tyrannie de Nabis, & la fit entrer dans l'alliance de fa République. Cette ville fut ingrate; elle ofa violer la foi des Traités; & fon libérateur, indigné, rafa fes murailles, & la força de renoncer à la légiflation de Lycurgue, qui avait fait

pendant fept cents ans fa gloire, & celle
du Péloponèfe.

Tous les Princes de l'Orient, à cette
époque, recherchèrent l'amitié des
Achéens, & Rome en fut jaloufe.
Quand Philopémen, qu'on appella le
dernier des Grecs, comme Brutus fut
appellé dans la fuite le dernier des Romains, eut terminé fa carrière, cette
République chercha, dans fon génie def-
tructeur, des prétextes pour anéantir
une Ligue qui lui fermait l'entrée de
l'Afie, & elle ne réuffit que trop bien
au gré de fon machiavélifme ; mais
avant d'en venir à ce dernier chapitre des
annales de la Grèce, nous devons quelques lignes à la mémoire des deux grands
hommes, qui ont retardé fa longue décadence.

HISTOIRE D'ARATUS (*a*).

Aratus naquit à Sicyone, dans des tems de troubles & de factions, où cette ville, peu faite à la liberté, n'en usait que pour se déchirer elle-même : il se trouva proscrit dès l'âge de sept ans, & ne sembla échapper à la mort, que par cette étoile particulière, qui force toujours les grands hommes à remplir leur destinée. Il n'avait pas encore vingt ans, que quittant Argos à la tête d'un petit nombre de guerriers d'élite, il vint délivrer sa Patrie du joug de ses Tyrans. Cette révolution est une des plus extraordinaires de l'antiquité, en ce que, malgré la résistance des gardes, malgré les cris de fureur du peuple, malgré l'in-

--

(*a*) *Plutarch.* in Arat. *Polyb.* lib. 4.

cendie & le pillage du Palais du Defpo-
te, il n'y eut pas une feule goutte de
fang répandu. Voilà un des effets de la
douce Philofophie de Socrate, adoptée
à cette époque, par tous les bons efprits
du Péloponèfe.

Aratus, pour cimenter l'indépendance
de Sicyone, la fit entrer dans la Ligue
des Achéens, dont il fut nommé Capi-
taine-Général dix fept fois, toujours avec
l'acclamation générale, parce qu'il joi-
gnait l'intégrité aux lumières, & que
tous fes plans étaient marqués du fceau
du bien public, quoique la fortune lui
enviât fouvent la gloire de les exécuter (*a*).

(*a*) Cette contradiction apparente eft expli-
quée par un texte de Polybe, qu'on me faura
gré de tranfcrire.

» Aratus était un homme accompli pour l'ex-
» périence dans les affaires, car il parlait bien,
» imaginait encore mieux, & couvrait, du
» fecret le plus profond, toutes fes entreprifes.

Un des exploits qui fit le plus d'honneur à Aratus dans l'esprit des Grecs, fut la prise de Corinthe, qu'il enleva à Antigone pour la réunir à la Ligue Achéenne ; il n'eut besoin que de soixante talens & de quatre cents hommes, pour s'emparer d'une Place, qui pouvait défier une armée Romaine, & toutes les machines de Poliocerte.

Aratus, l'ennemi né de tous les Ty-

» Il ne cédait à personne dans l'art de créer des
» amis à sa patrie, & de lui procurer de nou-
» velles alliances. Personne aussi ne conduisait
» mieux un plan d'opérations militaires, ne
» tendait des piéges plus adroits à la vigilance
» d'un ennemi, ne conduisait à une plus heu-
» reuse fin les expéditions qui demandent de la
» patience. D'un autre côté, le même Aratus,
» toutes les fois qu'il était question d'agir à dé-
» couvert, était lent à former des plans, &
» timide à les exécuter; en méfiance de l'ennemi,
» il semblait ne soutenir qu'avec peine la vue
» du danger : de-là vient que le Péloponèse à
» été rempli des trophées de sa défaite «.

rans, délivra Argos du joug d'Aristippe, & engagea Lysiade à rendre la liberté a Mégalopolis, mais il échoua long-tems dans ses entreprises, pour faire recouvrer, à Athènes, son indépendance ; il fut aussi très - malheureux dans les guerres, aussi longues que cruelles, qu'il soutint contre Lacédémone. Cléomène, un des Héraclides, le vainquit en plusieurs rencontres, cependant sans lui ôter sa renommée.

Ce Cléomène avait l'ambition d'être nommé Capitaine - Général de la ligue Achéenne ; il fit offrir, à Aratus, une pension de douze talens (soixante - cinq mille livres de notre monnaie), s'il voulait le seconder dans ses vues : le héros répondit *qu'il ne gouvernait pas les affaires, mais que les affaires le gouvernaient*, & la négociation échoua. Le Roi se vengea, en faisant le siége de Sicyone. Alors Aratus, qui avait épuisé toutes les ressources de son génie, voyant sa patrie aux abois, appella Antigone

dans le Péloponèse, & lui remit sa citadelle.

Antigone vainquit Cléomène à Sélasie,
& avec lui toute la Grèce, qui ne se releva plus de son abâtardissement, jusqu'à
ce que Rome l'engloutit dans ses conquêtes.

Aratus avait rendu assez de services
aux Rois de Macédoine, pour attendre
d'eux quelque reconnaissance. Mais le
Despote qu'on oblige, croit qu'on ne
fait qu'acquitter une dette. Philippe,
successeur d'Antigone, commença par
corrompre la belle-fille du Héros de
Sicyone; ensuite, il se fit le Tyran des
villes Grecques dont on l'avait nommé
Protecteur; enfin, il attenta à la vie du
grand homme, sans lequel les armes de
la Macédoine n'auraient jamais pénétré
dans le Péloponèse.

Ce fut un des amis intimes du Prince
qui fut chargé de le servir dans ses per-
fidies. Ce scélérat, aux gages d'un autre,
s'insinua dans la confiance d'Aratus, &,

à l'ombre des services sacrés de l'hospi-
talité, il mit du poison dans un de ses
breuvages : ce poison, modifié par des
mains industrieuses, n'avait point cette
violence qui décèle le crime ; il n'allu-
ma, dans les veines du héros, qu'un
feu lent, qui le mina peu à peu, jusqu'à
ce que son corps parut naturellement se
dissoudre. L'infortuné s'apperçut dès le
principe, qu'il était la victime de Philippe ; mais comme le mal était sans
remède, il n'exhala point son indignation
en vains murmures ; seulement un jour
qu'il vomissait du sang, & que l'ami de
son cœur le soutenait dans sa défaillance,
faisant allusion à la faveur perfide dont
les Souverains de la Macédoine l'avaient
fait jouir, il dit, avec une émotion con-
centrée. *Tu le vois, homme injuste : voilà
le prix de l'amitié des Rois.* Aratus mourut
étant, pour la dix-septième fois, Capitaine général des Achéens, & Sicyone
lui fit une espece d'apothéose.

HISTOIRE

DE

PHILOPÉMEN (a).

PHILOPÉMEN, en qui s'éteignit la race des grands hommes de la Grèce, naquit à Mégalopolis, & se proposa, de bonne heure, Epaminondas pour modèle. La Laconie fut le théâtre de ses premiers exploits ; sa patrie l'envoyait, avec les jeunes gens de son âge, faire des courses dans cette contrée ennemie, & l'Histoire observe qu'il était toujours le premier, quand il s'agissait de marcher, & le dernier, quand il fallait faire retraite. Au reste, ces petites expéditions consistaient, d'ordinaire, à brûler quelques

(a) *Plutarch.* in Philopemen.

chaumières, à emmener quelques troupeaux, & à faire des esclaves.

Mégalopolis fut, de tout tems, l'ennemie née de Lacédémone, & Philopémen, persuadé que pour vaincre des Spartiates, il fallait l'être soi-même, adopta de bonne heure les institutions mâles & austères de Lycurgue. A la pointe du jour, il allait labourer un champ qu'il avait à vingt stades de Mégalopolis; il revenait ensuite à la ville s'instruire des affaires publiques; l'après midi, il tâchait de rendre son corps léger & robuste, à la chasse ou dans les gymnases, prenait un repas frugal, & passait la nuit sur une natte de roseaux, comme le dernier de ses esclaves.

Philopémen entrait dans sa trentième année, quand Cléomène, Roi de Lacédémone, se présenta, à l'improviste, au milieu d'une nuit orageuse, aux pieds des murs de Mégalopolis, égorgea les sentinelles, pénétra dans la ville, & s'empara de la place publique, où il

rangea ses troupes en bataille. Le héros
accourut, à la tête de quelques soldats
d'élite, & fit une résistance si longue &
si vigoureuse, qu'il donna le tems à tous
ses concitoyens d'abandonner leur ville.
Quand il supposa Mégalopolis entiè-
rement déserte, il se retira lui-même le
dernier, couvert de blessures, & ayant
eu plusieurs chevaux tués sous lui.

Philopémen servait dans l'armée d'Antigone, à la bataille de Sélasie, & c'est
au génie de ce héros, ainsi qu'à sa valeur,
que le Roi de Macédoine dut sa victoire.

Ce grand homme était Général de la
cavalerie Achéenne, quand Damophante,
qui commandait les troupes de l'Elide &
de l'Etolie, vint, au commencement d'une
action, le provoquer personnellement
au combat. La lutte ne fut pas longue.
Philopémen, qui, dans un corps sans
apparence, cachait l'ame & la vigueur
d'Alcide, perça son ennemi de sa jave-
line, & le renversa mort aux pieds de
son cheval ; ce succès encouragea ses

foldats, & leur valut une grande victoire.

Un des exploits les plus glorieux de Philopémen, eft le combat qu'il livra, avec
des forces inégales, à Machanidas, Tyran
de Lacédémone ; il mit fon armée en
déroute, & le tua lui-même. Les Achéens,
par reconnaiffance, lui érigèrent une ftatue
de bronze, qu'ils placèrent, à Delphes,
dans le temple d'Apollon.

Cette époque eft celle d'une anecdote
d'autant plus précieufe, qu'elle peint
toute la naïveté des mœurs antiques,
dans un fiècle où on commençait à en
rougir. Philopémen devait loger chez
une Mégarienne, qui ne le connaiffait
que par fa renommée : cette femme,
inftruite de l'approche du vainqueur de
Machanidas, fe tourmentait, pendant
l'abfence de fon mari, pour lui préparer
à fouper. En ce moment, le héros arrive,
enveloppé d'une bure groffière ; la Mégarienne le prend pour un efclave qui vient
préparer le logement de Philopémen, &

le prie de lui aider dans son ménage ;
le héros sourit, jette son manteau, &
s'occupe à fendre du bois. Sur ces en-
trefaites, l'époux revient, reconnaît le
Général des Grecs, & tombe à ses ge-
noux : *Relève-toi*, lui dit Philopémen,
*la méprise de ta femme ne saurait me
blesser, il est juste que je porte la peine
de ma mauvaise mine.*

L'assemblée des Grecs fut plus juste
que la citoyenne de Mégare. On célébrait les Jeux Néméens, & Philopémen,
après avoir fait manœuvrer sa phalange,
aux yeux de sa Nation, se présenta, à la tête
de cette jeunesse brillante, au concours
de Musique. Le hasard voulut qu'au
moment où il parut sur le théâtre, le
Musicien chantait, sur sa lyre, une
hymne de Timothée. Quand il en vint
à ces vers,

> Grace à ce héros redouté,
> Grecs, levez vos têtes altières,
> Il pose, dans vos mains guerrières,
> Les palmes de la liberté.

tous les Grecs tournèrent, sur Philopémen , leurs regards attendris , & témoignèrent , par l'ivreſſe de leurs applaudiſſemens , combien il ſentaient la juſteſſe de l'alluſion. Après un trait auſſi flatteur de l'eſtime publique , il faut mourir , ou juſtifier à ſa nation qu'on eſt un grand homme.

Philopémen , peu après ſon triomphe aux Jeux Néméens , fut ſur le point de mourir ; Philippe , Roi de Macédoine , qui déſeſpérait de ſubjuguer le Péloponèſe , tant que ce héros reſpirerait , envoya ſecretement des ſcélérats pour l'aſſaſſiner ; heureuſement la trame fut découverte , & Philippe devint l'horreur de toute la Grèce.

Philopémen continua à marcher , à pas de géant , dans la carrière des grands hommes ; il força Lacédémone à entrer dans la confédération Achéenne , & cette ville lui ayant envoyé cent vingt talens , qui provenaient de la vente des biens de Nabis , le dernier de ſes Tyrans , il les refuſa , diſant que *les Spartiates devaient garder leur argent, pour gagner l'ambitieux qui cherchait à leur nuire, sans s'avilir à corrompre l'homme de bien.*

Lacédémone, dans la suite, ramenée à des conseils perfides, par des artisans des discordes publiques, viola la foi de ses sermens, & chercha à détacher, de la ligue Achéenne, une partie du Péloponèse ; Philopémen outré, se rendit à Sparte, fit mourir quatre-vingts séditieux qui y dominaient, rasa ses murailles, & abolit les institutions de Lycurgue : cette rigueur, qu'une politique cruelle justifie, a fait tort à Philopémen dans l'esprit des Philosophes.

Philopémen ne fut que trop puni d'avoir fait entrer la haine dans la vengeance publique : » Le Ciel, dit le bon Plutar- » que, le fit tomber, au bout de sa » course, comme un Athlète qui, ayant » fourni sa carrière avec gloire, tombe » au pied de la borne «. Il avait soixante & dix ans, & venait d'être élu, pour la huitième fois, Général des Achéens.

Dinocrate, son ennemi personnel, détacha Messène de la ligue, & commença des hostilités. Philopémen vint à sa rencontre, malgré une fièvre violente, & le battit ; mais, au retour de cette expédition, il tomba presque seul dans une embuscade de cinq cents chevaux, & fut fait prisonnier. Les satellites de Dinocrate, à qui le Tyran avait inspiré toute sa férocité, chargèrent de chaînes ce grand homme & le conduisirent, avec une pompe insultante, dans Messène, pour le faire mourir.

Il y avait, dans Messène, un souterrein sans porte, & ne recevant de jour que par une ouverture, qu'on fermait avec un débris de rocher. C'est là où on jetta Philopémen, pendant que ses ennemis délibéraient sur le genre de son supplice.

Cependant, une consternation générale était répandue chez les Achéens ; l'idée d'avoir laissé enlever leur Général, pendant qu'eux-mêmes respiraient encore, les accablait ; ils se hâtent d'envoyer une ambassade solemnelle à Messène, pour redemander le héros de la Grèce, menaçant d'exterminer la nation, si on osait attenter sur sa personne.

D'un autre côté, les Messéniens, tout irrités qu'ils étaient contre Philopémen, quand ils virent ce vieillard vénérable, qui avait rempli le Péloponèse des trophées de sa gloire, & dont l'Europe entière ne prononçait le nom qu'avec respect, quand ils le virent, dis-je, chargé de chaînes, & confondu avec les scélérats qu'on destine à l'échaffaut, sentirent succéder dans leurs cœurs, au sentiment pénible de la haine, celui de la pitié. Déja les murmures éclataient de toutes parts, une révolution se formait, en silence, en faveur de l'infortuné Philopémen ; mais l'infâme Dinocrate, qui vit que sa victime était sur le point de lui échapper, vint, à l'entrée de la nuit, dans la prison, l'ouvrit, & y fit descendre l'Exécuteur, avec une coupe de ciguë, lui enjoignant de rester auprès du prisonnier, jusqu'à ce qu'il ne fût plus.

Philopémen, en ce moment, était couché sur son manteau, l'esprit en proie aux idées sinistres qui l'obsédaient. A la vue de ce satellite, qui s'approchait à regret, tenant une lampe d'une main, & une coupe de l'autre, il connut toute l'horreur de sa destinée ; mais l'homme juste, qui sait vivre, sait mourir. Il se mit sur son séant, malgré son extrême faiblesse, & prenant la coupe avec assurance : *Mon ami*, dit-il à l'Exécuteur, *le brave Lycortas & tous mes guerriers partagent-ils mon sort?* On lui répondit que lui seul était entre les mains de ses ennemis ; *eh bien*, ajouta-t-il, *je suis moins malheureux que je ne croyais, & je meurs content :* à ces mots, il porte à sa bouche le breuvage fatal, & l'avale d'un seul trait. L'effet du poison fut prompt, à cause de l'abattement du héros, & à peine s'était-il recouché sur son manteau, qu'il s'éteignit.

A peine le bruit du supplice de Philopémen s'était - il répandu chez les Achéens , que tous ceux qui étaient en état de porter les armes s'assemblèrent à Mégalopolis , pour tirer une vengeance éclatante d'un tel attentat. Ce fut Lycortas, père de Polybe l'Historien , qui fut nommé Général ; il mena , à l'inftant, l'armée de héros , qui était fous fes ordres, dans la campagne de Mefsène, & y mit tout à feu & à fang ; la Capitale épouvantée, ouvrit fes portes, & Dinocrate prévint, en fe tuant lui-même , l'opprobre de fon fupplice.

Cette journée terrible fe termina par de pompeufes funérailles, que les vengeurs de Philopémen firent à ce héros : on regrette feulement qu'ils aient déshonoré leur victoire , en faifant lapider, autour de l'urne qui renfermait fa cendre , les prifonniers de Mefsène.

Après Philopémen, il n'y a plus de héros dans la Grèce, & nous ne devons plus que quelques coups de pinceau au tableau de ſa décadence.

PRISE ET INCENDIE

DE

CORYNTHE,

*QUI ENTRAINE LA DES-
TRUCTION DE LA LIGUE
ACHÉENNE, ET L'ES-
CLAVAGE DE LA GRÈCE
ENTIÈRE (a).*

Rome, qui craignait de rencontrer le Génie de Philopémen fur la route de fes conquêtes, attendit que ce héros ne fût plus pour fubjuguer la Grèce. Ce fut la

______

(a) *Tit.-Liv.* lib. 45 ; *Polyb.* in Legat. ; *Paufan.* in Achaïc.

défaite de Persée, Roi de Macédoine, qui servit de prétexte à l'invasion. Les premières hostilités commencèrent dans le sein de la paix. Le Sénat nomma un conseil de dix Commissaires, qui eut ordre d'exterminer à-la-fois, dans les villes Grecques, la faction qui avait épousé les intérêts de Persée, & celle qui s'était contenue dans les bornes de la neutralité : cette Commission remplit, par sa férocité, l'attente des Tyrans du monde ; elle cita tous les chefs de la confédération Achéenne, au nombre de mille, à comparaître devant le Sénat de Rome, & quand ces infortunés eurent passé les mers, les hommes, qui s'étaient arrogé le droit de les juger, ne voulurent pas les entendre, & les exilèrent en différentes villes de l'Italie, où ils restèrent dix-sept ans, en vertu de leur effroyable droit des gens, que l'Univers ne connut qu'au moment où il fut subjugué.

Lorsque la sentence d'exil fut révoquée, les Achéens n'étaient plus que trois

cents. Les autres étaient morts de misère
& de chagrin; quelques-uns mêmes avaient
été traînés fur l'échaffaut, pour avoir en-
trepris de retourner dans le Péloponèfe :
c'eſt dans cet état de détreſſe où ſe trouvait
la Grèce, que Rome frappa les derniers
coups, pour anéantir ſon indépendance.
Un Ambaſſadeur vint parler, en maître,
aux Etats-Généraux de l'Achaye, & leur
déclara que le bon plaiſir de Rome était
que Corynthe, Lacédémone, Argos,
Héraclée & Orchomène ſe détachaſſent
de la ligue, pour ſe gouverner ſuivant
leurs propres loix. C'était renverſer par
ſa baſe le dernier monument de la liberté Grecque. Les Achéens le ſentirent,
il y eut un ſoulèvement général, les
Romains furent inſultés, & la guerre
commença.

La cauſe la plus juſte, comme il arrive
d'ordinaire, fut la plus malheureuſe.
Métellus défit, en pluſieurs rencontres,
les Achéens, s'empara de leurs villes
du ſecond ordre, & ne laiſſa guères,

après lui, que Corynthe à prendre, pour servir d'aliment à la valeur de Mummius.

Mummius, arrivé en Grèce, livra une bataille mémorable, dans les plaines de Leucopétra, à l'armée Achéenne, la vainquit, & fit un si grand carnage des soldats fugitifs, que, s'il en faut croire les Historiens, on vit teintes de sang les eaux des deux mers que sépare l'isthme de Corynthe.

Diœus, qui, à cette époque, avait, sinon le génie, du moins la place des Aratus & des Philopémen, ne put survivre à sa défaite; tout entier à son désespoir, il courut à Mégalopolis, qui l'avait vu naître, mit le feu à sa maison, égorgea sa femme, & s'empoisonna, pour ne point être attaché au char de triomphe de Mummius.

Corynthe, sans Général, & presque sans soldats, ne fit aucune résistance, les portes restèrent ouvertes, & le Consul y entra à la tête de son armée. Il semblait qu'une ville qui se livrait ainsi à la difcrétion du Conquérant, ne devait point fubir les défaftres qu'entraîne l'affreux droit de la guerre; mais Mummius ne fut ni jufte, ni généreux. Il fit paffer au fil de l'épée tous les Corynthiens en état de porter les armes, & ordonna qu'on vendît les femmes & les enfans en qualité d'efclaves. Après cette atrocité, dont les ames de fang des Hiftoriens Romains fe révoltent à peine, Corynthe fut abandonnée au pillage.

Corynthe, à cette époque, le difputait, par fa magnificence, aux anciennes métropoles de l'Afie : elle était auffi le fanctuaire des arts, & le dépôt des plus précieux monumens de peinture & de fculpture que produifit le beau fiècle d'Alexandre ; mais rien n'égalait l'ignorance des Romains, fi ce n'eft leur férocité ; on aurait pris le Général & les foldats pour des barbares du tems de Romulus : auffi, après avoir fait la guerre aux hommes, ils la firent aux arts & aux édifices. On peut juger du goût des def-

tructeurs de Corynthe, par quelques anec-
dotes que l'Histoire nous a conservées.

Il y avait, dans cette métropole de
l'Achaye, un tableau d'Aristide, repré-
sentant Bachus, & si célèbre dans la
Grèce, qu'on disait, en proverbe, *cela
est beau comme le Bachus* : Polybe vit
des soldats jouer au dez, sur ce chef-
d'œuvre de peinture. Attale, Roi de
Pergame, le sçut, & offrit de l'acheter
six cents mille sesterces ; Mummius,
ignorant comme tous les conquérans,
étonné qu'on mît à si haut prix, ce qu'il
appellait une toile coloriée, soupçonna
quelque vertu secrette dans le tableau,
& l'envoya à Rome, pour être déposé
dans le Temple de Cérès. Cet édifice
fut brûlé plusieurs siècles après, & le
tableau d'Aristide, malgré la vertu secrette, périt dans l'incendie.

La stupidité du Consul se montra
encore plus à découvert, quand il s'agît
de porter, à bord de la flotte Romaine,
les statues de Corynthe, dont il voulait

décorer fa patrie : il fit venir les Pilotes,
& les menaça, fi ces monumens qu'il
leur confiait, venaient à fe perdre ou
à fe mutiler dans la route, d'en faire
faire d'autres à leurs frais. Nous devons
cette anecdote à Velleius (*a*), & cet
Hiftorien, qui vivait fous Augufte, mais
qu'on croirait du fiècle de Mummius,
ajoute qu'il ferait à fouhaiter que cette
heureufe ignorance fe fût perpétuée, dans
Rome, jufqu'au fiècle des Céfars.

Après le pillage de Corynthe, le Conquérant décida, dans un confeil de guerre,
que, conformément au décret du Sénat, on
mettrait le feu à la ville. A l'inftant les
foldats, la torche à la main, fe ré-
pandent dans tous les quartiers; la flam-
me s'élève en tourbillons, fe fait par-
tout des fphères d'activité, & dévore
tout du centre de la ville à la circonférence. C'eft alors, dit Pline (*b*), que

(*a*) Lib. **1**, cap. **13**.
(*b*) *Hiftor. Natur.* lib. **7**, cap. **38**.

de l'or, de l'argent & de l'airain, fondus ensemble, il se forma un métal nouveau, connu sous le nom d'airain de Corynthe, & dont on fit, dans la suite, des vases si recherchés, lorsque la Rome des Mummius, dégradée par le luxe des nations qu'elle avait domptée, fit place à la Rome des Lucullus & des Césars.

L'incendie de Corynthe est de la même année que le renversement de Carthage : ces deux désastres arrivèrent l'an 1436 de l'Ere de Paros, qui répond à la troisième année de la cent cinquante-huitième Olympiade.

La ligue Achéenne se trouva ensévelie dans les ruines de Corynthe, & avec elle, la liberté du Péloponèse.

ORDRE DES ÉVÈNEMENS

DONT ON NE PEUT FIXER LA CHRONOLOGIE.

Naissance de l'isle de l'Asie mineure.

Plusieurs siècles après, l'Asie mineure se réunit au Continent, & devient une péninsule.

L'isle du Péloponèse s'élève au-dessus des mers.

Formation de l'isthme de Corynthe, par lequel le Péloponèse est joint au Continent.

Naissance graduée de l'Archipel.

Expédition de l'Hercule Oriental, ou premier voyage des Argonautes.

Population antique de l'Asie mineure, par une colonie d'Atlantes, qui y pénétra par les montagnes de la Sophène & de l'Arménie.

Acmon, père de l'Atlante Ouranos, vient bâtir une ville sur les bords du Thermodon.

Règne d'Anak en Phrygie, dans le système qui le fait vivre trois cents ans.

Règne de Méon, suivant la Théologie Phrygienne.

Avantures de Cybèle & d'Atys, suivant la même Théologie fabuleuse.

Avènement de Cynth au trône des Troyens, s'il en faut croire un fragment de la Troade de Néron.

Le Jupiter de la Crète va fonder, au midi de l'Arabie heureuse, la Théocratie de l'Archipel Panchéen.

Chronologie suspecte de la Grèce, ou fastes de ses Monarchies, antérieurement à l'Ere de Paros.

Les Syriens, resserrés dans la chaîne du Liban & de l'Antiliban, envoient

	Ere de Callif thène.	Durée jufqu'à nous.
une colonie vers la frontière orientale de l'Afie mineure, qui fonde l'Etat des Leuco - Syriens. Ce font les habitans primitifs du Pont & de la Cappadoce ; cette colonie a pu arriver vers l'an . .	I	4009
Les Phéniciens entrent dans l'Afie mineure, par la Cilicie, vers l'an . . .	30	3980
Réunion des peuplades Affyriennes , Syriennes , Phéniciennes, fous le nom générique de Pélafges , vers l'an	60	3950

Première colonie Phénicienne, qui, ayant doublé le Péloponèfe , & fuivi le golfe de Corynthe jufqu'à fon extrémité , fe trouva arrêtée par un ifthme , fur lequel on bâtit , dans la fuite , Sicyone. — L'épo

	Ere de Callitthène.	Durée jusqu'à nous.
que précise est inaccessible à la chronologie.		
Fondation de la Monarchie de Sicyone, suivant le système erroné d'Eusèbe, qui fait Egialée contemporain de Ninus, & qui le place même sur le trône, trente ans avant l'avènement de cet époux de Sémiramis.	60	3950

Ce n'est pas sans motif, que j'appelle *errone* le système d'Eusèbe ; car il ne s'accorde pas seulement avec lui-même. Il y a une erreur évidente de plus d'un demi - siècle dans le rapport de ses époques. Il suppose (*a*) qu'Egialée , la tige des

____

(*a*) Euseb. *Chronic.* tome 2 , pag. 356.

	Ere de Callif-thène.	Durée jufqu'à nous.
Rois de Sicyone, commença à régner trente ans avant l'avènement de Ninus, c'eft-à-dire l'an 62 de l'Ere de Callifthène; & ailleurs, il dit que la prife de Troye arriva la 29e année du règne de Polyphide, époque que les meilleurs monumens font concourir, avec l'an 1021 de la même Ere de Callifthène. Or, fuivant l'évaluation d'Eusèbe, depuis la première année d'Egialée, jufqu'à la 29e de Polyphide, il y a 908 ans (a), & fi vous ôtez ce nombre, de 1021, vous	60	3950

(a) Voyez *Hiftoire de la Grèce*, tome I, pag. 258, & les deux premiers *Tableaux de la Chronologie des Monarchies de la Grèce*, qui font parmi les gravures.

	Ere de Callisthène.	Durée jusqu'à nous.
tombez, non à l'an **62**, mais à l'an **113** de l'Ere de Callisthène.		
La dialectique des faits nous apprend que la seconde époque (de la prise de Troye) se rapprochant plus d'Eusèbe , est plus sûre que la première ; ainsi , il faut rectifier le calcul de ce Père de l'Eglise , en retranchant 51 ans de son évaluation , & en plaçant l'avènement d'Egialée	113	3897
Egialée , suivant Pausanias, envoie une colonie porter les arts des Phéniciens , dans le golfe de Corynthe , dans l'Epire , & jusques dans la contrée voisine du Parnasse , où régna, dans la suite, Deucalion, vers	123	3887

	Ere de Callithène.	Durée jusqu'à nous.
Mort d'Egialée, & avènement d'Europs au trône de Sicyone.	165	3845
Telchin succède à Europs	210	3800
Apis remplace Europs, & donne son nom au Péloponèse	230	3780
Thelchion devient Roi de Sicyone	255	3755
Ægid est le successeur de Thelchion.	307	3703
Thurimaque remplace Ægid.	341	3669
Inachus, à la tête d'une colonie Phénicienne, qui aborde au Péloponèse par la mer Égée, vient fonder la Monarchie d'Argos . .	376	3634
Mort de Thurimaque à Sicyone; son apothéose, & avènement de Leucippe. .	386	3624
Inachus rassemble les eaux stagnantes de l'Ar		

	Ere de Callithène.	Durée jusqu'à nous.
golide , & en forme un fleuve , auquel il donne son nom , vers	396	3614
Mort d'Inachus. Phoronée lui succède au trône d'Argos	426	3584
Messape se fait couronner , après Leucippe, dans Sicyone	439	3571
Ogygès , Prince des Ecténes , bâtit Thèbes , au rapport de Varron (a) , quelques années avant son Déluge	456	3554
Déluge d'Ogygès , la trente - cinquième année du règne de Phoronée à Argos, & à l'époque d'une des apparitions de la comète de 1680	461	3549
Commencement d'un		

––––––––––––

(a) *De re rusticâ* , lib. 3 , cap. 1.

	Ere de Callisthène.	Durée jusqu'à nous.
vuide de 296 ans dans les annales de Thèbes.		
Hérat remplace Meſſape, ſur le trône de Sicyone. .	486	3524
Apis ſuccède à Phoronée dans Argos.		
Apis chaſſe les Telchines du Péloponèſe , vers	496	3514
Argos ſuccède à Apis , & donne ſon nom à ſa capitale.	521	3489

Le règne de ce Prince eſt de 70 ans , ſuivant Euſèbe , & c'eſt ici le lieu de rectifier ſa Chronologie erronée du Royaume d'Argos. — Quand , comparant ce Père de l'Egliſe avec lui-même, on vérifie ſes calculs, depuis l'avènement de Phoronée, juſqu'au détrônement de Gélanor par Danaïis, on

	Ere de Callisthène.	Durée jusqu'à nous.
	521	3894

trouve un intervalle de 333 ans (*a*). Or, l'avènement de Phoronée étant fixé, comme nous venons de le voir, à l'an 426 de l'Ere de Callisthène, & les marbres de Paros faisant concourir celui de Danaüs avec l'an 722, il s'ensuit que l'intervalle ne doit être que de 296 ans, & non de 333, & qu'il y a une erreur de 37 ans dans la supputation d'Eusèbe.

Le retranchement ne doit pas tomber naturellement sur l'époque de Phoronée, dont la longueur du règne est attestée de toute l'antiquité, mais sur Argos, qui, alors, au lieu de 70 ans, n'en régnera que 33.

(*a*) Euseb. *Chronic.* pag. 367.

	Ere de Callif- thène.	Durée jufqu'à nous.
Le troifième fils d'Argos va fonder le petit Etat d'Epidaure, vers	531	3479
Plemnée monte fur le trône de Sicyone	532	3478
Criafos devient Roi d'Argos.	554	3456
Les Prêtreffes de Junon s'arrogent une partie du pouvoir fuprême dans Argos , vers	570	3440
Orthopolis fuccède à Plemnée, au trône de Sicyone	580	3430
Phorbas règne à Argos.	608	3402
Marathos I monte fur le trône de Sicyone. . . .	643	3367
Triopas remplace Phorbas dans Argos.		
Xanthus , un des fils de Triopas, va conduire une colonie dans l'ifle de Lesbos.	641	3369

Chronologie des Monarchies & des Répu-
bliques de la Grèce, depuis l'Ere de
Paros.

	Ere de Paros.	Durée jusqu'à nous.
L'ERE qu'a fait naître le fameux monument des marbres de Paros, commence à la fondation de la Monarchie d'Athènes, la cinquième année des règnes de Triopas à Argos, & de Marathos I à Sicyone.		
L'Egyptien Cécrops vient dans le Péloponèse ; il épouse la fille d'Acté, qui lui apporte, en dot, le Royaume de l'Attique. .	0	3362
Ce Prince bâtit Athènes, & la dédie à Minerve, vers	5	3357
Deucalion vient civiliser la Thessalie.	8	3354

	Ere de Paros.	Durée jusqu'à nous.
Cécrops institue le Tribunal, qu'on nomma dans la suite l'Aréopage	10	3352
Phorbas enlève, aux serpents & aux insectes, l'isle de Rhodes, & y règne	11	3351
Avènement de Marathos II, au trône de Sicyone	25	3337
An k, le premier Roi connu de la Phrygie, que Suidas fait antérieur au déluge de Deucalion, peut avoir régné l'an	30	3332
Pélasge, que l'Antiquité place entre les déluges d'Ozygès & de Deucalion, vient civiliser l'Arcadie	32	3330

Cette Arcadie a eu des Rois pendant près de 900 ans, mais leur succession exacte, ni la durée de leurs

	Ere de Paros.	Durée jusqu'à nous.
règnes, ne sont parvenus jusqu'à nous (*o*).		
Avènement de Dardanus au trône de Troye . . .	40	3322
Crotopus succède à Triopas dans Argos. . .	41	3321
C'est ici qu'une chronologie (peut-être incertaine) doit placer la civilisation des Sauvages de la Laconie, par Lelex. Je sais que l'opinion des Savans modernes est que cette époque doit être rapprochée de nous de vingt-cinq ans; mais l'article VIII de la Chronique de Paros, place expressément à l'an 66 le commencement du règne d'Eurotas : ainsi, il		

(*a*) On ne connaît que deux époques dans l'histoire de cette Monarchie : celle de son origine, & celle de sa destruction.

	Ere de Paros.	Durée jusqu'à nous.
doit y avoir au moins vingt-cinq ans de plus, dans les Fastes de Lacédémone, pour les règnes de Lelex & de Mylès. C'est donc à l'an 41 qu'il faut porter l'avènement du Législateur de la Laconie.		
Echirée remplace Marathos II à Sicyone.	45	3317
Avènemenent de Cranaüs au trône d'Athènes.	50	3312
Arès ou Mars, le premier des Dieux qui vient plaider sa cause dans Athènes, fait donner, au Tribunal qui le juge, le nom d'Aréopage.		
Déluge de Deucalion, suivant les marbres de Paros.	53	3309
Deucalion vient demander un asyle, dans Athènes, à Cranaüs.		

	Ere de Paros.	Durée jusqu'à nous.
Tems où l'on peut placer l'histoire tragique de Psamathé & de Corœbus.	55	3307
Avènement de Mylès au trône de la Laconie, vers .	56	3306
Polycaon, frère de Mylès, épouse Messène, fille de Crotopus, Roi d'Argos, & va fonder le Royaume de la Messénie, vers	58	3304
Cette Messénie a eu des Rois, mais point d'annales, depuis Polycaon, jusqu'à l'invasion des Héraclides. La Chronologie, dans cet intervalle, ne peut fixer que le règne de Nestor, Roi de Pylos & de Messène, qui fut un des héros de l'iliade.		
Détrônement de Cranaüs; avènement d'Amphyction.	59	3303

	Ere de Paros.	Durée jusqu'à nous.
Un autre Amphyction, fils de Deucalion, Roi des Thermopyles, institue le Tribunal suprême des Amphyctions.	60	3302
Hellen, autre fils de Deucalion, règne chez les Phthiotes, & donne son nom aux Grecs.	61	3301
Institution du spectacle des Panathenées.		
Commencement d'un vuide de 211 ans dans les annales de la Thessalie, qui n'est rempli que par le nom d'un Hypsée, dont Cyrène, la fille, fut enlevée par Jupiter.		
Sthénélas, remplace Crotopus dans Argos.	62	3300
Epoque où Corynthe est bâtie.		
Eurotas, suivant la Chronique des Marbres, com-		

mença à régner dans les landes marécageuses de la Laconie . . . .

En général, nous obser-verons que l'histoire de la première Monarchie de Lacédémone est très-con-jecturale (quant à l'éva-luation des règnes) jusqu'à l'avènement de Tyndare, père d'Hélène. Mais c'est sur-tout depuis Eurotas, jusqu'à Amyclas, que le voile s'épaissit. Le dernier de ces Princes, suivant Pausanias, donna sa sœur en mariage à Acrisius, qui régnait dans Argos l'an 205, & puisque les Marbres placent l'avènement d'Eurotas en 66, il y a 139 ans d'intervalle entre ces deux époques, inter-valle qu'il faut remplir,

Ere de Paros.	Durée jusqu'à nous.
66	3296

par les seuls règnes d'Eurotas , de Lacédémon & d'Amyclas. Pour comble d'incertitude , la Chronique de Paros fait régner , ensemble , Eurotas & Lacédémon son gendre , ce qui empêche la raison d'allonger le règne du dernier. Le nœud gordien ne peut être coupé , qu'en supposant un vuide entre Lacédémon & Amyclas , dont il ne faut accuser que la négligence de Pausanias & d'Apollodore.

Eurotas associe à son trône Lacédémon , & lui donne sa fille en mariage.

Ce Prince rassemble les eaux stagnantes de la Laconie , & en forme le fleuve de l'Eurotas , vers . . . .

Ere de Paros.	Durée jusqu'à nous.
67	3295

	Ere de Paros.	Durée jusqu'à nous.
Amphyction, Roi d'Athènes, est détrôné par Erichton	69	3293
Danaüs arrive à Rhodes sur le Pentécontore, suivant les Marbres	71	3291
Gélanor succède à Sthénélas au trône d'Argos. . .	73	3289
Détrônement de Gélanor, & avènement de Danaüs.	74	3288
Erichton institue les courses des chars, au spectacle des Panathenées. . .	76	3286
Le Phrygien Hyagnis donne aux peuples la première idée de l'harmonie.		
Mort d'Eurotas. Lacédémon gouverne seul la Laconie, vers	86	3276
Lacédémon bâtit la ville de Sparte, vers	88	3274
On peut placer ici le Méon d'Eusèbe, qui dans		

	Ere de Callif-thène.	Durée jusqu'à nous.
cette hypothèse, serait le successeur immédiat d'A-nak, Roi de Phrygie...	90	3272
Civilisation de la Crète par Teuctame, petit-fils de l'Hellen, qui donna son nom à la Grèce : comme Dorus, père de Teuctame, était probablement dans l'âge mûr, lorsque les Grecs prirent le nom d'Hellènes, il ne faut compter qu'une génération, ou 33 ans, de cette époque à l'avènement de Teuctame.........	94	3268
Mort de Lacédémon, censé avoir régné vingt ans avec son beau-père, & dix ans seul......	96	3266
Vuide de quatre-vingt-onze ans, dans l'histoire de Lacédémone, qu'il faut admettre, quand on veut		

	Ere de Paros.	Durée jufqu'à nous.
concilier la Chronologie des Marbres avec les Hiftoires d'Apollodore & de Paufanias.		
On croit qu'Aëthlios, petit-fils de Deucalion, fonda la Monarchie de l'Elide, à la fin du premier fiècle, de l'Ere de Paros. .	100	3262
Chorax fuccède à Echirée au trône de Sicyone.		
Erichton remplace Dardanus au Royaume de Troye.	104	3258
Règne d'Aftérios dans la Crète.	107	3255
Enlèvement d'Europe. — Cet évènement ne doit précéder que d'un an l'arrivée de Cadmus dans l'Archipel Grec, que les monumens placent 264 ans avant la prife de Troye	108	3254

	Ere de Paros.	Durée jusqu'à nous.
Arrivée de Cadmus dans l'Archipel de la Grèce.	109	3253

Cet évènement dont il est parlé dans la Chronique de Paros, ne jette aucune lumière dans la Chronique Grecque, parce que la date en est effacée. Je sais que des critiques illustres ont tâché d'y suppléer par d'ingénieuses conjectures; on voit, par exemple, dans la magnifique édition des *Marbres d'Oxford*, que l'arrivée de Cadmus dans la Béotie, ainsi que la construction de la citadelle de Thèbes, devroit tomber l'an 63 de l'Ere de Paros; mais en reculant ainsi de quarante-six ans cette époque, on détruit tous les rapports que les

	Ere de Paros.	Durée jusqu'à nous.
Monarchies Grecques ont entr'elles : il nous a donc paru infiniment plus simple de suivre l'opinion générale des Anciens, que la fondation de Thèbes précédait de 264 ans la prise de Troye.		
Histoire plus que suspecte des Danaïdes . . .	114	3248
Astérios, Roi de Crète, épouse Europe, & légitime ses enfans.	118	3244
Cadmus envoie peupler les isles désertes de l'Archipel.	119	3243
Pandion I succède à Erichton, Roi d'Athènes. Atys épouse Cybèle, fils de Méon, & détache la Lydie, de la Monarchie Phrygienne.	120	3242
Epoque vraisemblable de la mort de Méon . .	123	3239

	Ere de Paros.	Durée jusqu'à nous.
Mort de Danaüs. Lyncée lui succède au trône d'Argos	124	3238
Epopée monte au trône de Sicyone	130	3232
Commencement d'une famine de 28 ans dans la Lydie, suivant le fabuleux Hérodote.		
Tyrhénus, fils d'Atys, va fonder un Royaume en Toscane.	148	3214
Endymion devient Roi de l'Elide.		
Cadmus s'exile de la Béotie, & se retire chez les Enchéléens	149	3213
Avènement de Polydore au trône de Thèbes.		
Minos I commence à régner dans la Crète. . .	150	3212
Le fer est trouvé sur le mont Ida. Premiers progrès de la Métallurgie.		

	Ere de Paros.	Durée jusqu'à nous.
Fin de la famine de Lydie, au rapport d'Hérodote, ...	158	3204
Règne d'Erechtée dans Athènes.	159	3203
Lydus succède à Atys, & donne son nom à la Lydie.	160	3202
Victoire du premier Minos sur les pirates de Phénicie.		
Sarpédon, vaincu par Minos son frère va établir une petite Souveraineté dans la Lycie.		
Laomédon devient Roi de Sicyone.	165	3197
Abas succède à Lyncée au trône d'Argos.		
Cérès enseigne, aux peuples de l'Attique, l'art d'ensemencer les terres. . . .	173	3189
Triptolème ensemence les plaines d'Eleusis.		

	Ere de Paros.	Durée jusqu'à nous.
Mort de Polydore. Avènement de Labdacus au trône de Thèbes. Régence de Nyctée son beau-père.	179	3183
Avènement de Tros au trône de Troye.		
Atiame règne en Lydie.	180	3182
Fondation de Troye. .	181	3181
Poëme écrit sur l'enlèvement de Proserpine . .	183	3179
Fin du vuide des annales de Lacédémone. Amyclas monte sur le trône, & bâtit, sur l'Eurotas, une ville à laquelle il donne son nom. . . .	187	3175
Prétus est le successeur d'Abas, dans Argos, suivant Eusèbe	188	3174
Enlèvement de Ganymède.	191	3171
Conquêtes d'Atiame, Roi de Lydie. Il fonde,		

en Syrie, la ville d'Af-	Ere de Piros	Durée jusqu'à nous.
calon.		
Si nous faifons fleurir, à cette époque, Atime, c'eft fur la foi de Suidas, qu le fit contemporain de Tmele, Roi de Sipyle, le même qui enleva Ga-		
Si l'on fait régner, un demi-fiècle, Endymion, qui fut, dit-on, cinquante fois père, l'avènement d'Epeus fon fils au trône de l'Elide, tombera vers .	198	3164
Tems où l'on peut placer l'hiftoire de Céphale & de Procris.	199	3163
Lyafte remplace Minos au trône de la Crète.	200	3162
Sicyon règne dans Sicyone, & donne fon nom à cette capitale de fa Monarchie	205	3157

	Ere de Paro.	Durée jusqu'à no.
	205	357

Acrisius suivant Eusèbe, remplace Prétus au trône d'Argos.

Amyclas donne sa sœur en mariage à Acrisius.

Observons qu'à cette époque, il règne l'obscurité la plus profonde dans la chronologie de Lacédémone & d'Argos. Pausanias, qui nous a donné la liste des Rois de la première ville, ne fixe point la durée de leurs règnes. Eusèbe, à qui nous devons le Catalogue des Souverains de la seconde, évalue les règnes, mais sans critique. Par exemple, il fait, de ceux de Prétus & d'Acrisius, des règnes successifs, tandis qu'ils furent collatéraux ; car, à la mort d'Abas, Acrisius régna

	Ere de Paros.	Durée jusqu'à nous.
dans Argos, tandis que Prétus, son frère jumeau, eut, pour apanage, Tirynthe, & la côte maritime de l'Argolide.		
Fameuse expédition de Persée, suivant la Chronique de l'Astronome Thrasylle, qui met 9S ans d'intervalle entr' elle & le voyage des Argonautes. Au reste, cette date supposerait que Persée naquit des amours de Danaë, bien long-tems avant qu'Acrisius montât au trône d'Argos	206	3156
Cécrops II succède à Erechtée dans Athènes. .	209	3153
Mort de Labdacus. Amphion & Zéthus s'emparent du trône de Thèbes.		
Ici commence la chronologie conjecturale de la		

	Ere de Paros.	Durée jufqu'à nous.
Monarchie de Thèbes, parce que les Hiftoriens n'évaluent pas la durée des règnes. Nous y avons fuppléé, au moyen de quelques points d'appui, que nous avons rencontrés de tems en tems dans ce labyrinthe de faits & de dates. Ces points d'appui font :	209	3153

1°. Le déluge d'Ogygès, fixé par l'Aftronomie, qui donne d'abord la date de la première fondation de Thèbes.

2°. L'arrivée de Cadmus dans la Béotie, fixé 264 ans avant la prife de Troye, qui fournit l'époque précife de la revivification de la Monarchie.

3°. La première expédition des Sept Chefs de-

	Ere de Paros.	Durée jusqu'à nous.
	209	3153

vant Thèbes, qui concourt avec la rencontre de l'Hypsipyle séduite par Jason, & se place ainsi quatre ans après l'expédition des Argonautes.

4°. Le règne de Tisamène, pendant la guerre de Troye, qui conduit à placer la mort de ce Prince, environ sept ans après la prise de cette ville.

5°. La dissolution de la Monarchie de Thèbes, qui tombe à l'an 432 de l'Ere de Paros.

C'est d'après toutes ces autorités, que nous nous sommes permis de fixer la durée des règnes des Monarques de Thèbes, que nous méconnaîtrions, à cause du silence de l'Histoire.

	Ere de Paros.	Durée jusqu'à nous.
Argalos remplace Amyclas au trône de Lacédémone, vers	217	3145
Alcime succède à Atiame, sur le trône de Lydie.	220	3142
Fin du vuide dans les annales de la Phrygie, & avènement de Midas I. .	223	3139
Etolus règne, après Epeus, dans l'Elide.	228	3134
Les Thébains, après la mort d'Amphion & de Zéthus, appellent Laïus pour les gouverner, vers . .	229	3133
Mort tragique d'Hyacynthe, favori d'Apollon, vers	230	3132
Mort d'Acrifius, fuivant la Chronique d'Eusèbe. . .	236	3126

Ici la chronologie d'Argos cesse d'avoir des points d'appui La Monarchie se démembre, & tous ces Rois collatéraux, qui n'ont rien

	Ere de Paros.	Durée jusqu'à nous.
fait, n'é happent que par leurs noms à l'oubli. L'Hiftoire, de ce moment, ne s'occupe plus que de Mycènes, fondée par le petit fils d'Acrifius. Il eft probable qu'au bout de quelques générations, Argos devint tributaire de Mycènes, ainfi que Trezène, Epidaure & Hermione. Ainfi, il n'y a aucun inconvénient à dater de la mort d'Acrifius, la diffolution de fa Monarchie.	236	3126

Perfée, fuccefleur naturelle d'Acrifius, Roi d'Argos, défefpéré d'avoir été la caufe innoente de fa mort, cède fa Monarchie à Mégapenthe fon coufin, & va régner à fa place dans Tirynthe.

	Ere de Paros.	Durée jusqu'à nous.
Cynortas succède à Argalos au trône de Lacédémone	237	3125
Persée fonde la ville de Mycènes.		
Mort de Persée.	238	3124

Mastor, le quatrième des enfans que Persée avait eus d'Andromède, succède à ce Héros. Il n'est point fait mention de ce Prince, dans la Chronique d'Eusèbe.

Il règne ici une confusion dans les fastes de Mycènes. Eusèbe, à qui nous devons le peu de lumières qui nous restent sur ce sujet, est un guide peu sûr, dans ces ténèbres chronologiques : tantôt il oublie d'évaluer les règnes, tantôt, quand il les évalue, il ne s'accorde pas avec lui-

	Ere de Paros.	Durée jusqu'à nous.
même. Heureusement les faits qu'il s'agit ici de classer, tiennent encore un peu à l'âge des fables ; ce qui nous autorise, peut-être, à quelques recherches conjecturales, pour ne point laisser un vuide apparent dans les fastes de la Grèce.		
Mort de Tros. Ilus son fils règne à sa place dans Troye.	240	3122
Electryon, frère de Mastor, remplace ce Prince au trône de Mycènes Eusèbe passe encore ce règne sous silence.	241	3121
Electryon est tué involontairement par Amphytrion.	242	3120
Sthénélus gouverne Tirynthe & Mycènes.		
Manès remplace Mi-		

	Ere de Paros.	Durée jusqu'a nous.
das I au trône de Phrygie; son avènement tombe vers l'an	243	3119
Etolus, Roi de l'Elide, va fonder le Royaume d'Etolie, fur les bords de l'Acheloüs.	248	3114
Eleus I, après la retraite d'Etolus, s'empare de la couronne de l'Elide.		
Détrônement de Cécrops II. Pandion II fe fait couronner dans Athènes.	249	3113
Polybe devient Roi de Sicyone.	250	3112
Minos II remplace Lycafte au trône de la Crète.		
Eurysthée fuccède à Sthénélus dans Mycènes. L'Eusèbe original donne à ce Prince 45 ans de règne, & il n'en a que 43, dans l'Eusèbe rectifié.		

	Ere de Paros.	Durée jusqu'à nous.
Première cérémonie religieuse de la luftration, dans Athènes.	256	3106
Œbalos devient Roi de Lacédémone.	257	3105
Il épouse Gorgophone, fille de Perſée, vers . . .	258	3104
Eleus I bâtit la ville d'Elis. Mort d'Etolus. Avènement de ſon fils, Calydon, au trône de l'Etolie.		
Camblitas ſe fait couronner en Lydie.	260	3102
Un Laboureur devient Roi de Phrygie, ſous le nom de Gordius I. . . .	263	3099
Naiſſance d'Hercule. — Nous ſommes obligés, pour concilier les faits & les dates, dans une hiſtoire auſſi conjecturale que celle de ce héros, de placer cet évènement la treizième		

	Ere de Paros.	Durée jusqu'à nous.
Grèce. On détrônait ordinairement les Rois sans les faire mourir. Œdipe conserva donc à Créon les honneurs de Prince de son sang, & lorsqu'il allait à Corynthe, il lui laissait Thèbes à gouverner . . .	282	3080
Commencement des douze travaux d'Hercule.		
Pélias ôte la couronne d'Iolchos à son frère Eson, mais sans lui ôter la vie.		
Hercule tue les enfans qu'il a de Mégare.	283	3079
Naissance de Jason.		
Midas II amène une colonie de Thraces, qui vient s'incorporer au peuple de la grande Phrygie.		
Jeux qu'Egée célèbre dans Athènes. Assassinat d'Androgée, fils du Roi de Crète.	285	3077

	Ere de Paros.	Durée jusqu'à nous.
Rencontre du Palladium de Troye, suivant une ancienne tradition.	279	3083
Laomédon succède à Ilus au Royaume de Troye.	280	3082
Epoque du prétendu mariage d'Hercule avec les cinquante Thefpiades.		
Tems où l'on peut placer le règne de Corinthos, premier Roi de Corynthe.		
Défaite des Myniens, par Hercule.	281	3081
Hercule épouse Mégare, fille de Créon. — Ce Créon n'était que le Vice-Roi de Thèbes. Car nous voyons, dans les annales de cette Monarchie, qu'Œdipe, à cette époque, lui avait succédé de son vivant; alors, la politique orientale n'était point connue en		

	Ers de Paros.	Durée jusqu'à nous.
année du règne d'Euryſthée dans la ville de Mycènes.		
Calydon bâtit la métropole de l'Etolie, & lui donne ſon nom.	268	3094
Laïus eſt tué par Œdipe.	269	3093
Règne de Créon dans Thèbes.		
Camblitas ſe tue. Avènement de Tmolus au trône de la Lydie	270	3092
Fin du vuide dans les annales de la Theſſalie. Tems où l'on peut placer le règne d'Eſon à Iolchos.	272	3090
Œdipe épouſe Jocaſte ſa mère, & devient Roi de Thèbes.	274	3088
Ægée remplace Pandion II dans Athènes.		
Mort d'Eleus I. Augyas lui ſuccède dans l'Elide. .	278	3084

	Ere de Paros.	Durée jusqu'à nous.
Tmolus épouse Omphale, & la fait Reine de Lydie.		
Conquêtes de Minos II dans l'Attique.	286	3076
Un Oracle ordonne à Egée, Roi d'Athènes, d'expier le meurtre d'Androgée	287	3075
Hippocoon s'empare du trône de Lacédémone, qui était dû à Tyndare son frère.		
Avènement d'Œnée au trône de l'Etolie	288	3074
Inachus remplace Polybe au trône de Sicyone. . . .	290	3072
Fin tragique de Tmolus. Omphale, son épouse, hérite de la couronne de Lydie.		
Hercule termine, dit-on, ses douze travaux memorables, la dixième		

	Ere de Paros.	Durée jusqu'à nous.
année après avoir ouvert cette carrière de danger & d'exploits.	292	3070
Atrée, de la famille de Tantale, & gendre d'Euristhée, le remplace au trône de Mycènes. . .	293	3069
Eusèbe fait régner ensemble Atrée & Thyeste, pendant 43 ans. Cette hypothèse contredit tous les monumens. Ces deux règnes ont été successifs, & non collatéraux.		
Hercule se fait initier dans les mystères d'Eleusis.		
Il tue Iphitus, a recours à des expiations religieuses, & se laisse vendre à Omphale.		
Naissance d'Agron, fils d'Hercule & d'Omphale.	244	3068

	Ere de Paros.	Durée jusqu'à nous.
Le Héros, fuivaut une tradition, époufe la Reine de Lydie.	295	3057
Naiffance d'un fils d'Her- cule & d'Omphale. . . .	295	3066
Fin du féjour d'Hercule en Lydie.		
Règne ou Vice-royauté de Créon à Corynthe. . .	300	3062
Naiffance de Théfée. .	302	3060
Avènement de Gor- dius II au tône de la Phrygie	303	3059
Jafon vient fe faire re- connaître à Iolchos , & demande à Pélias qu'il lui rende fa couronne.		
Expédition des Argo- nautes de Jafon. Hercule en partage la gloire & les dangers.	304	3058
Œdipe s'exile de Thè- bes, ou meurt. Avènement d'Étéocle	305	3057

	Ere de Paros.	Durée jusqu'à nous.
Etéocle ne veut pas, suivant sa convention, céder la couronne de Thèbes à son frère Polynice.	306	3056
Polynice se réfugie chez Adraste, & forme une ligue contre Etéocle. . .	307	3055
Médée, au retour des Argonautes, fait égorger le vieux Pélias par ses propres filles. Prise d'Iolchos. Avènement d'Acaste, fils de Pélias. Retraite de Jason à Corynthe.		
Hercule détourne le fleuve Pénée, pour nétoyer les étables d'Augyas.		
Prise de Troye par Hercule, & mort de Laomédon. Interrègne pour le rachat de Priam.		
C'est à cette époque qu'on place les voyages		

d'Hercule en Afrique, en Espagne & en Italie.

Fameuse chasse du sanglier de Calydon. Exploits de Méléagre.

Pélée, fils d'Æaque, Roi d'Egine, se rend à la chasse de Calydon, & y tue involontairement son beau - père, le Roi des Phthiotes.

Observons, au sujet de Thésée, qu'il est impossible de concilier, avec la chronologie, sa rencontre avec les guerriers de la Grèce à la chasse mémorable du sanglier de Calydon ; car, en liant, avec soin, les faits entr'eux, il se trouverait qu'à cette époque le Héros n'aurait eu que cinq ans. Nous n'avons pas voulu couper, par

Ere de Paros	Durée jusqu'à nous.
507	3055

	Ere de Paros.	Durée jusqu'à nous.
cette discussion, la marche rapide de l'Histoire Guerre d'Hercule contre Augeas	308	3054
Tyndare épouse Léda. Première expédition des Sept Chefs devant Thèbes. Rencontre malheureuse d'Hypsipyle dans la forêt de Némée.		
Siége de Thèbes. Duel d'Etéocle & de Polynice. Ces deux Princes s'entre-tuent. Avènement du jeune Polydamas. Régence de Créon. Les confédérés lèvent le siége	309	3053
Hercule détourne, en Etolie, le cours de l'Acheloüs.		
Siége & prise d'Elis par Hercule. Le trône passe à Phylée, fils aîné d'Augeas.		

	Ere de Paros.	Durée jusqu'à nous.
Avènement de Priam au trône de Troye.		
Hercule vient en Laconie, tue Hippocoon, & rend le trône à Tyndare.	310	3052
Ce héros marche contre le Roi de Pylos, & tue les onze frères de Neftor.		
Il époufe Déjanire.		
Confpiration contre Omphale. Mort de cette Princeffe. Avènement de Pylémène, fuivant quelques Hiftoriens ; fuivant d'autres, la Lydie, à cette époque, fait partie de la Monarchie de Troye.		
Naiffance d'Hyllus, fils d'Hercule & de Déjanire.	311	3051
Jafon & Médée viennent régner dans Corynthe, vers	312	3050
Mort d'Hercule, fuivant la fupputation qui nous		

	Ere de Paros.	Durée jusqu'à nous.
paraît la plus vraisemblable. Le héros, alors, aurait poussé sa carrière à un demi-siècle (a).	313	3049
Jason répudie Médée. Celle-ci embrase le palais, fait périr sa rivale, & se sauve dans Athènes . . .	314	3048
Dévouement d'Anchar, le Curtius de la Phrygie, vers	315	3047
Avènement de Nestor au trône de Pylos. Thésée sort de Trezène, pour se faire reconnaître de son père.	320	3042
Minos II périt, par une perfidie, dans la Sicile.		

(a) Fréret, tout en adoptant une autre chronologie infiniment plus conjecturale, avoue que la vie d'Hercule ne peut pas se prolonger au delà d'un demi-siècle. Voy. *Mémoires de l'Académie des Belles-Lettres*, petite édition, tome VII, pag. 485.

	Ere de Paros.	Durée jusqu'à nous.
Avènement de Deucalion, qui avait été, dit-on, un des Argonautes, au trône de Crète.		
Théfée tue le brigand Périphète, dans le territoire d'Epidaure	321	3041
Il écartèle Sinnis. Ses amours avec Périgone.		
Il fe mefure avec Scyrron.	322	3040
Il tue Procrufte.		
Avènement d'Otrée, contemporain d'Anchife, au trône de la Phrygie.	323	3039
Théfée raffemble les douze tribus de l'Attique fous la même forme de gouvernement; il introduit, dans Athènes, le gouvernement populaire, & inftitue les Jeux Ifthmiques.		

	Ere de Paros.	Durée jusqu'à nous.
Théſée ſe fait expier, par un Hiérophante, dans Eleuſis.	324	3038
Il ſe fait initier aux myſtères de Crète. . . .	326	3036
Le héros entre dans Athènes. Médée veut le faire empoiſonner par ſon père. Il eſt reconnu. Fuite de Médée.	330	3032
Défaite & mort des Pallantides.		
Théſée va , en Crète, délivrer ſa patrie, du tribut exigé pour le meurtre d'Androgée.	331	3031
Jeux Néméens , inſtitués par Etéocle , Adraſte & Amphiaraüs.		
Triomphe de Théſée. Il eſt vainqueur de Tauros, & épouſe Ariane.		
Théſée abandonne Ariane dans l'iſle de Naxos . .	332	3030

	Ere de Paros.	Durée jusqu'à nous.
Egée se précipite dans la mer. Avènement de Thésée au trône d'Athènes.		
Thésée épouse la Scythe Antiope. Naissance d'Hippolyte.		
Phestus règne, après Inachus, dans Sicyone.		
Tems où l'on peut placer la naissance de Bellérophon	334	3028
Naissance d'Hélène. Tyndare lui destine Ménélas pour époux, & associe ce Prince à son trône. — Nous ne nous dissimulons pas que ce fait n'est point clairement exprimé, dans les Ecrivains de l'antiquité ; mais c'est l'unique moyen de concilier ici l'histoire de Sparte & de Troye avec la chronologie.	338	3024

	Ere de Paros.	Durée juſqu'à nous.
Naiſſance de Caſtor & de Pollux, frères jumeaux d'Hélène.		
Théſée rectifie la légiſlation de Cécrops	339	3023
Etabliſſement des Jeux Iſthmiques, ſuivant une autre tradition.		
Il faudrait placer ici l'embarquement de Théſée ſur le Pont-Euxin, avec Hercule, pour ſubjuguer les Amazones; mais cette hiſtoire, comme nous l'avons déja remarqué, eſt plus que ſuſpecte. On a d'autant plus raiſon de la rejetter, qu'Hercule était mort depuis 26 ans à l'époque de cette prétendue conquête.		
Adraſte remplace Pheſtus à Sicyone	340	3022
Ménélas devient, par		

	Ere de Paros.	Durée jusqu'à nous.
la mort de Tyndare , seul Roi de Lacédémone.		
Passion fatale d'Astydamie pour Pélée.	341	3021
Pélée est exposé dans un désert. Il est sauvé par le centaure Chiron , & va, dans Scyros, épouser la sœur de Lycomède . .	342	3020
Deucalion , Roi de Crète , donne Phèdre sa sœur en mariage à Thésée.		
Crétès succède, dans la Crète , à son frère Deucalion.	343	3019
Naissance d'Achille.		
Nestor unit le Royaume de Messène à celui de Pylos.		
Pélée tue Acaste. Réunion des Royaumes de Phthie & d'Iolchos . . .	344	3018
Polyphide remplace Adraste à Sicyone.		

	Ere de Paros.	Durée jusqu'à nous.
Paſſion de Phèdre pour Hippolyte. De retour de Trézène , cette Princeſſe accuſe le fils d'Antiope d'avoir voulu la violer. .	346	3016
Phèdre s'étrangle avec ſon diadême. Mort cruelle d'Hippolyte.		
Avènement de Thyeſte au trône de Mycènes. . .	348	3014
Enlèvement d'Hélène par Théſée. L'Hiſtoire veut qu'à cette époque , elle n'eût que dix ans.		
Mneſthée appelle les Tyndarides dans l'Attique.		
Naiſſance d'Iphigénie , fille de Théſée & d'Hélène	349	3013
Commencement de la guerre entre Théſée & Caſtor & Pollux. Hélène eſt ramenée dans Sparte.		

	Ere de Paros.	Durée jusqu'à nous.
Mort de Phylée, Roi d'Elide à Dulychium. Avènemenent d'Agasthène.		
Nouveau siége de Thèbes par les enfans des Sept Chefs, ou expédition des Epigones.		
Prise de Thèbes. Les habitans se retirent à Tilphosée. Laodamas se sauve en Illyrie. Mort de Tirésias.	350	3012
Avènement de Thersandre, fils de Polynice, au trône de Thèbes.		
Le Centaure Chiron devient l'Instituteur d'Achille.		
Athènes ouvre ses portes aux vengeurs d'Hélène. On détrône Thésée. Avènement de Mnesthée. . . .	352	3010
Hercule rétablit les Jeux		

	Ere de Paros.	Durée jusqu'à nous.
Olympiques, suivant Thrasylle, quarante-cinq ans après l'expédition des Argonautes ; ce qui tendrait, dans cette hypothèse, à donner plus de quatre-vingt-dix ans à la vie du héros ; résultat qui blesse toute vraisemblance.		
Thésée va demander un asyle à Lycomède, Roi de Scyros, & celui-ci l'assassine.	353	3009
Crétès, Roi de Crète, est tué, involontairement, par son fils Althémène.		
Avènement d'Idoménée, fils de Deucalion, au trône de la Crète.		
Tems où une chronologie incertaine peut placer les exploits de Bellérophon.	354	3008
Enlèvement d'Hélène .	356	3006

	Ere de Paros.	Durée jufqu'à nous.
Mort d'Otrée, Roi de Phrygie.		
Il règne ici un vuide de 523 ans dans les annales de cette Monarchie. Nous avions cru d'abord devoir le mettre entre les règnes de Midas IV & de Midas V ; mais c'était en vertu d'une dialectique trop conjecturale. Voici la vraie place de ce long intervalle, qui n'eſt caractérifé que par le filence de l'Hiſtoire. Ici, la dynaſtie royale eſt anéantie, & le Gouvernement femble totalement changé.		
Naufrage d'Hélène & de Pâris fur les côtes d'Egypte.	357	3005
Fin du règne de Thyeſte à Mycènes. Avènement d'Agamemnon.	358	3004

	Ere de Paros.	Durée jusqu'à nous.
Diomède, fils de Ty-dée, s'attache à Agamem-non, & obtient la Vice-Royanté d'Argos & de Trézène.	360	3002
Brigandages de Castor & de Pollux en Arcadie. Epoque probable de leur mort.		
Amours d'Achille & de Déïdamie dans Scyros. Le héros est reconnu par Ulysse	362	3000
Fin des négociations pour le retour d'Hélène.		
Achille, Diomède, Ulysse & tous les Princes de la confédération Grec-que vont à la guerre de Troye.	363	2999
Peste en Aulide. Sacri-fice d'Iphigénie.		
Thersandre, Roi de Thèbes, est tué sur les		

	Ere de Paros.	Durée jufqu'à nous.
côtes de Myfie. Avènement de Tifamène.		
Siége de Troye	,64	2993
Règne obfcur de Polyxénos dans l'Elide. . .	369	2993
Agron, arrière-petit-fils d'Hercule, vient, à la tête d'une armée, s'emparer de la Lydie, cinq ans avant la prife de Troye, s'il en faut croire la Chronologie d'Hérodote.		
Apothéofe d'Hercule, fuivant le Canon de Thrafylle, rectifié ; c'eft-à-dire quatre ans avant la prife de Troye.		
Achille eft affaffiné par Pâris, dans un temple . .	372	2990
Prife du Palladium de Troye	373	2989
Pâris eft tué par Philoctète.		
Mneftée fe fait tuer ,		

	Ere de Paros.	Durée jusqu'à nous.
sans gloire, sous les murs de Troye. Avènement de Démophon, fils de Théſée & de Phèdre, au trône d'Athènes.	373	2989

Perfidie d'Enée & d'Anténor.

Priſe de Troye Incendie de la ville. Maſſacre de Priam, & extinction de ſa Monarchie.

Ajax viole Caſſandre ſur l'autel de Minerve. Il périt, dans une tempête, avant d'aborder dans la Locride.

Mort, peut-être, de Pélée. Pyrrhus, fils d'Achille, va fonder un Royaume en Epire.

Idoménée veut immoler ſon fils à ſon retour dans la Crète. Révolte. Il va fonder une Principauté

	Ere de Paros.	Durée jusqu'à nous.
dans Salente. Avènement de Mérion. A la mort de ce Prince, dont la date ne saurait être fixée, la Crète devient une République.	373	2989

Commencement des voyages d'Ulysse.

Une perfidie de l'Epouse de Diomède, oblige ce Prince à quitter ses Etats, & à conduire une colonie en Italie.

Agamemnon est égorgé par Thyeste. Suivant l'Eusèbe original, ce Prince avait régné 18 ans, & seulement 15, suivant l'Eusèbe rectifié par Scaliger.

Avènement d'Egysthe au trône de Mycènes.

Tems où l'on dit que fleurit Darès de Phrygie, Historien du siége de Troye.

	Ere de Paros.	Durée jusqu'à nous.
Mort de Polyphide, Roi de Sicyone. Pélafge le remplace.	375	2987
Orefte eft guéri de fa frénéfie. Son abfolution devant l'Aréopage, au fujet de fon parricide. .	376	2986
Mort de Tifamène, Roi de Thèbes. Avènement d'Autéfion	380	2982
Erection d'un Temple de Vénus, vis-à-vis l'ifle de Cranaë, en mémoire de la première jouiffance de Pâris & d'Hélène	381	2981
Retour d'Ulyffe à Ithaque. Ce Prince, aidé de Télémaque fon fils, maffacre tous les Princes qui prétendaient à la main de Pénélope.	383	2979

On ignore l'époque de la mort d'Ulyffe. On

	Ere de Paros.	Durée jusqu'à nous.
doute même si Télémaque lui a succédé.		
Tems où l'on dit que fleurit Dictys de Crète, Historien de la guerre de Troye.		
Institution du Tribunal des Ephètes dans Athènes.		
Epoque où l'on peut placer la mort de Sisyphe, & la réunion du Royaume de Corynthe à celui de Mycènes	384	2978
Déluge d'Ogygès, dans le systême très-hardi de la Comète de 1680, rapproché de nous d'un période.	388	2974
Mort d'Agron, Roi de Lydie, vers	389	2973
Hérodote compte vingt-deux Héraclides, qui se succédèrent depuis Agron, jusqu'au successeur de Candaule, dans un intervalle		

	Ere de Paros.	Durée jusqu'à nous.
de 505 ans. Mais on ne nous a transmis les noms que des cinq derniers. Ainsi il y a un vuide dans l'histoire de Lydie, depuis l'an 389, jusqu'à l'an 806, où Ardys I monta sur le trône. Ce dernier évènement a fait époque, parce qu'il concourt avec la première année de la première Olympiade.		
Autésion, par l'ordre d'un Oracle, abandonne le trône de Thèbes. Il est remplacé par Damasichton.	390	2972
Avènement d'Oreste au trône de Mycènes.	391	2971
Ce Prince devient Roi de Lacédémone.	393	2969
Zeusippe devient Roi de Sicyone.	395	2967
Amphimaque règne, obscurément, dans l'Elide.	399	2963

	Ere de Paros.	Durée jusqu'à nous.
Apothéose de Castor & de Pollux, les deux frères d'Hélène	400	2962
Oxythès hérite , à la mort de Démophon , de la couronne d'Athènes. .	409	2953
Ptolémée succède, dans Thèbes, à Damasichton. .	410	2952
Teucer bâtit Salamine.	420	2942
Aphydos remplace Oxythès sur le trône d'Athènes	421	2941
Thymète règne , après Aphydos , sur les Athéniens	422	2940
Détrônement de Zeusippe dans Sicyone. Le Prêtre Carnéen , Archelaüs , le remplace.	425	2937

Il faut observer ici qu'Eusèbe fait détrôner Zeusippe deux ans plus tard. Mais son autorité ne doit pas l'emporter sur celle de

	Ere de Paros.	Durée jusqu'à nous.
Castor, qui fixe, 84 ans après la prise de Troye, l'expulsion du dernier Prêtre-Roi de Sicyone : calcul très - vraisemblable , & qui sert ici de base à notre Chronologie.		
Le Prêtre Automédon devient Roi de Sicyone.	426	2936
Méthodeutos le remplace sur le trône.	427	2935
Eunée succède à Méthodeutos.	428	2934
Théonome est couronné après Eunée.	429	2933
Eleus II monte sur le trône de l'Elide.		
Mélanthe est appellé au trône d'Athènes par Thymète.	430	2932
Mort de Ptolémée à Thèbes. Avènement de Xanthus.		

	Ere de Paros.	Durée jusqu'à nous.
Le Prêtre Amphyction devient Roi de Sicyone.		
Xanthus, Roi de Thèbes, est tué dans un combat singulier. Abolition de la Monarchie. Thèbes devient République . . .	432	2930
Charidème succède à Amphyction au trône de Sicyone.	439	2923
Mort d'Oreste, Roi de Sparte & de Mycènes. Avènement de Tisamène.	450	2912
Aristomaque, petit-fils d'Hyllus, vient ravager le Péloponèse (a)	452	2910

(a) Ici s'offre une grande question chronologique à expliquer. L'Histoire Grecque prétend que cette invasion des Héraclides fut comptée cent ans après la mort d'Eurysthée : or, ce Roi de Mycènes étant mort l'an 293 de l'Ere de Paros, il s'ensuivrait qu'Aristomaque vint redemander, à la Grèce, l'héritage d'Hercule, l'an 393 de la même Ere, c'est-à-dire près de

Ligue des trois Héraclides, Témène, Cresphonte & Aristodème. Oxylos y entre, en interprétant un oracle.	Ere de Paros.	Durée jusqu'à nous.
	452	2910

soixante ans avant l'époque où , d'après les monumens les plus authentiques, nous plaçons cet évènement : cette erreur de soixante ans ne peut s'expliquer qu'au moyen de deux conjectures, qui me semblent assez heureuses : 1°. Il me paraît démontré qu'il ne s'agit pas ici de la mort d'Eurysthée, mais de celle d'Hercule, la seule qui pouvait intéresser les Héraclides : le texte original a été évidemment altéré par la négligence des Copistes. 2°. Cette mort d'Hercule a été calculée d'après la tradition qui sert de fondement au Canon de Thrasylle ; tradition qui, plaçant le rétablissement des Jeux Olympiques par Hercule quarante - cinq ans après l'expédition des Argonautes, conduit à mettre, en effet, la mort du héros vers l'an 352 de l'Ere de Paros ; il ne s'agit pas ici d'examiner si l'opinion de Thrasylle, qui donnerait plus de quatrevingt - dix ans à la vie d'Hercule , a quelque caractère de vraisemblance ; il suffit d'expliquer comment, dans une chronologie erronée , on

	Ère de Paros.	Durée jusqu'à nous.
Conquête des confédérés. Détrônement de Tisamène.	453	2909
Mort d'Aristomaque, quatre-vingts ans après la prise de Troye.		
Témène a le Royaume d'Argos en partage, vers. .	455	2907
Cresphonte obtient la Messenie.		
Lacédémone est le partage d'Aristodème.		
Oxilos dispute l'Elide, dans un combat singulier, & en devient Roi.	456	2906
Charidème est détrôné dans Sicyone. Dissolution de la Monarchie, 84 ans après la prise de Troye. .	457	2905
Colonie conduite à l'isle		

a pu dater l'invasion d'Aristomaque de l'année séculaire, qui répond à la mort d'Eurysthée, ou plutôt à la mort d'Hercule.

	Ere de Paros.	Durée iusqu'à nous.
de Mélos. Thucydide calcule, dans le livre V de son Hiſtoire, qu'il y avait ſept cents ans que cette colonie était fondée, la ſeizième année de la guerre du Péloponèſe	466	2896
Mort de Mélanthe. Codrus lui ſuccède ſur le trône d'Athènes.		
Avènement d'Euryſthène & de Proclès, tige des deux dynaſties des Agides & des Proclides, au trône de Lacédémone.	482	2880
Doridas & Hyantidas, deſcendans de Siſyphe, abandonnent la Monarchie de Corynthe aux Héraclides.	483	2879
Siége d'Athènes par les Héraclides. Mort héroïque de Codrus. Deſtruction de ſa Monarchie.	487	2875

	Ere de Paros.	Durée jusqu'à nous.
Ici, les Rois commencent à ne fournir que des dates stériles à l'Histoire de la Grèce, & nous renvoyons les époques de leurs règnes obscurs & de leur mort, au troisième tableau chronologique, qui se trouve parmi les gravures.		
On commence à bâtir des villes dans l'isle de Lesbos, suivant l'Auteur ancien de la Vie d'Homère.	494	2868
Nélée fonde des villes sur les côtes de l'Asie mineure.	506	2856
Hippoclès & Mégathène bâtissent la ville de Cumes, suivant le 5e livre de la Géographie de Strabon.		
Médon, fils de Codrus, devient Archonte d'Athènes. Origine de l'Archontat perpétuel	512	2850

	Ere de Paros.	Durée jusqu'à nous.
Guerre d'Hélos, qui amène l'esclavage des Hilotes	524	2838
Les citoyens de Cumes vont bâtir Smyrne, dans l'Asie mineure.	532	2830
Tems où fleurit Hésiode.	638	2724
Bachis fonde, à Corynthe, la dynastie des Bachides	648	2714
Naissance de Lycurgue, cent cinquante ans avant l'Ere des Olympiades, suivant le livre premier des Stromates de Clément d'Alexandrie	656	2706
Les Rhodiens, suivant Eusèbe, commencent à avoir une marine.	666	2696
Tems où fleurit Homère	675	2587
Règne de Lycurgue le Grand à Lacédémone,		

	Ere de Paros.	Durée jusqu'à nous.
pendant la groſſeſſe de la Reine - mère , veuve de Polydecte	684	2678
Lycurgue ſe réunit avec Iphitus , pour rétablir les Jeux Olympiques. Cet évènement eſt antérieur de 108 ans à l'Olympiade de Corœbus , la première des Olympiades vulgaires.	698	2664
Voyages de Lycurgue.	709	2653
Lycurgue copie de ſa main , dans l'Aſie mineure , l'Iliade & l'Odyſſée d'Homère , & les publie dans le Péloponèſe , vers .	714	2648
Légiſlation de Lycurgue.	719	2643
Mort de Lycurgue. Son apothéoſe.	726	2636
Caranus fonde la plus ancienne dynaſtie des Rois de Macédoine	775	2587
Les Corynthiens ima-		

	Ere de Paros.	Durée jusqu'à nous.
ginent, ou du moins renouvellent l'ufage des Trirèmes.	796	2566
Le Philofophe Scythe, Abaris, fuivant des autorités fufpectes, vient dans le Péloponèfe.	822	2540
Archias conduit une colonie de Corynthe à Syracufe.	824	2538
Inftitution des Archontes décennaux dans Athènes	828	2534
Etabliffement des Prytanes à Corynthe	837	2525
Première guerre de Meffène.	838	2524
Mifcellos va bâtir Crotone dans la grande Grèce, fuivant Eusèbe	872	2490
Phalante, à la tête des Parthéniens, bâtards de Lacédémone, vient fonder Tarente en Italie.	878	2484

	Ere de Paros.	Durée jusqu'à nous.
Les Corynthiens fondent la ville de Corcyre.	879	2483
Tems probable, où l'on peut placer la fondation de Géla en Sicile.	886	2476
Tems où l'on place la fondation de Chalcédoine.	895	2467
Seconde guerre de Meſſène.	897	2465
Etabliſſement de l'Archontat annuel dans Athènes	898	2464
Le Poète Tyrtée combat pour Lacédémone.	900	2462
Les reſtes de Meſſéniens font voile pour l'Italie, & fondent la ville de Meſſine en Sicile.	912	2450
Les Rhodiens font l'apothéoſe d'Ariſtomène.		
Fondation probable de Byzance (aujourd'hui Conſtantinople).		

	Ere de Paros.	Durée jusqu'à nous.
Cypsélus rétablit l'ancienne Monarchie dans Corynthe.	927	2435
Les Mégariens fondent, en Sicile, la ville de Sélinonte	937	2425
Naissance de Thalès. .	942	2420
Battus fonde la petite Monarchie de Cyrène en Lybie, qui dura, à ce qu'on croit, deux cents ans. . .	950	2412
Tyrannie de Périandre, un des sept Sages de la Grèce.	957	2405
Législation de Dracon, la première année de la trente - neuvième Olympiade	958	2404
Naissance du Philosophe Xénophane	962	2400
Tems où fleurit Pittacus, un des sept Sages.	970	2392
Tems où fleurit Bias de Priène, un des sept Sages.	974	2388

	Ere de Paros.	Durée jusqu'à nous
Pittacus a le courage d'abdiquer la tyrannie de Mitylène.	975	2387
Tems où fleurit le Poëte Alcée	978	2384
On place, vers cette époque, la célèbre Sappho.	980	2382
Les Phocéens viennent fonder Marseille	982	2380
Conjuration de Cylon dans Athènes, & son supplice.		
Voyage d'Epiménide dans Athènes.	984	2378
Solon est nommé Archonte & Législateur d'Athènes.	988	2374
Première guerre Sacrée.	990	2372
Jeux Pythiques, établis à Delphes par les Amphyctions	995	2367
Epoque où une tradition Grecque place la naissance de Pythagore	996	2366

	Ere de Paros.	Durée jusqu'a nous.
Corynthe chasse ses tyrans, & devient République	1000	2362
Tems où fleurit Esope le Fabuliste.	1010	2352
Mort de Pittacus. . . .	1012	2350
Règne de Créfus en Lydie.	1016	2346
Commencement de la tyrannie de Pisistrate . . .	1021	2341
Chilon, un des sept Sages, est fait Ephore de Lacédémone	1026	2336
Mort du Philosophe Scythe Anacharsis.	1028	2334
Dissolution de la Monarchie de Phrygie. . . .	1030	2332
Destruction de la Monarchie de Lydie.	1034	2328
Mort de Thalès de Milet, le Fondateur de l'Ecole Ionienne.		
Mort du Philosophe Anaximandre.	1035	2327

	Ere de Paros.	Durée jusqu'à nous.
Tems où l'on dit que fleurit le Philosophe Phérécyde	1038	2324
Thespis, du haut de ses tréteaux , joue la tragédie.	1045	2317
Tems où fleurit Anacréon	1050	2312
Triomphe de Milon de Crotone aux Jeux Olympiques.		
Mort d'Anaximène & de Pisistrate.	1054	2308
Tems où fleurit le Poète Simonide.	1055	2307
Naissance d'Eschyle . .	1057	2305
Naissance de Pindare , suivant Suidas	1062	2300
Révolution dans Athènes, due au courage d'Harmodius & d'Aristogiton. .	1070	2292
Institution de l'Ostracisme dans Athènes.		
Expulsion d'Hippias. Fin		

	Ere de Paros.	Durée jusqu'à nous.
de la domination de la famille de Pifiſtrate dans Athènes.	1072	2290
Pythagore vient en Italie , & s'établit à Crotone.	1073	2289
Milon de Crotone défait les Sybarites. Deſtruction de Sybaris.	1074	2288
Mort de Pythagore (d'autres la reculent de 9 ans)	1076	2286
Première guerre des Perſes contre les Grecs. .	1077	2285
Priſe & incendie de Sardes.	1078	2284
Tems où fleurit le Philoſophe Parménide.		
Tems où fleurit Démocrite.	1082	2280
Mort de Cléobule de Linde , un des ſept Sages.		
Naiſſance d'Anaxagore.		

	Ere de Paros.	Durée jusqu'à nous.
Tems où l'histoire de la Philosophie fait fleurir Zénon d'Elée.	1083	2279
Conquête de l'Ionie par les Perses.	1084	2278
Naissance de Sophocle.	1087	2275
Fondation du Temple de Minerve, dans Athènes.		
Invasion du Satrape Datis en Europe	1090	2272
Bataille de Marathon, suivant les Marbres (d'autres autorités la placent l'année suivante) . . .	1091	2271
Gélon se fait Préteur de Syracuse.		
Procès de Miltiade. Mort de ce héros au fond d'une prison	1092	2270
Epoque où fleurit l'ancien Simonide.		
Naissance d'Euripide. .	1095	2267
Eschyle remporte le prix de la Tragédie.	1096	2266

Tems où d'anciens monumens placent la naissance	Ere de Paros.	Durée jusqu'à nous.
d'Hérodote.	1098	2264
Exil d'Aristide.	1099	2263
Fameuse paix de Gélon en Sicile, où ce grand homme stipule que Carthage n'immolera plus de victimes humaines.		
Journée des Thermopyles, & bataille de Salamine, suivant les Marbres.		
Bataille de Platée. Première éruption du mont Etna	1100	2262
Gélon est nommé Roi de Syracuse.	1101	2261
Statues érigées, dans Athènes, à Harmodius & à Aristogiton	1102	2260
Invasion de Xerxès en Grèce, suivant la manière ordinaire de calculer les		

	Ere de Paros.	Durée jusqu'à nous.
Olympiades. C'est à cette même année que, d'après ce systême, on rapporte la journée des Thermopyles, la mort de Léonidas, les batailles navales d'Artémise & de Salamine, & l'incendie d'Athènes.		
Batailles de Platée & de Mycale, dans le systême qu'on vient d'exposer.	1103	2259
Thémistocle va demander un asyle au Roi de Perse.	1111	2251
Naissance de Socrate & de Thucydide.	1112	2250
Sophocle remporte le prix de la Tragédie.		
Tremblement de terre à Sparte, qui fait périr vingt mille hommes	1113	2249
Trahison & supplice de Pausanias.		

	Ere de Paros	Durée jusqu'à nous.
La ville de Mycènes est prise & renversée par les Argiens.	1114	2248
Tems où fleurit le Peintre Xeuxis.		
Mort d'Eschyle	1115	2247
Syracuse se gouverne en forme de République.	1117	2245
Colonie de dix mille hommes qu'Athènes envoie à Amphipolis. . . .	1118	2246
Exil de Cimon	1122	2240
Naissance du Médecin Hippocrate.		
Mort du Poëte Eschyle.	1125	2237
Retraite glorieuse des Grecs après la prise de Byblos en Egypte.	1126	2236
Bataille d'Eurymédon, gagnée par Cimon	1132	2230
Naissance de Xénophon.		
Mort de Cimon & de		

	Ere de Paros.	Durée jusqu'à nous.
Thémistocle. Traité de paix entre la Grèce & la Perse	1133	2229
Chérondas donne des loix dans Thurium. . . .	1136	2226
Tems où fleurit Empédocle.	1138	2224
Commencement de la grande puissance de Pisistrate.	1139	2223
Euripide remporte, pour la première fois, le prix de la Tragédie.		
Paix universelle sur le globe, s'il en faut croire Diodore	1140	2222
Hérodote lit publiquement son histoire dans Athènes.		
Le bélier, la tortue, & d'autres machines de guerre sont inventées ou rectifiées par Artémon de Clazomène.	1141	2221

	Ere de Paros.	Durée jusqu'à nous.
Commencement de la célébrité d'Aspasie.		
Sophocle est élu Général d'Athènes.	1144	2218
Naissance d'Isocrate. Tems où fleurissaient Empédocle & Parménide.		
Commencement de la guerre du Péloponèse. . .	1151	2211
Naissance de Platon (d'autres la placent en 1153, & même en 1154).	1152	2210
Peste célèbre qui désole l'Asie & la Grèce.		
Mort de Périclès . . .	1153	2209
Prise de Platée.	1155	2207
Prise de Mitylène. Sentence de mort, portée contre les habitans, & révoquée.		
Mort du Sculpteur Phidias & de l'Astronome Méton.	1156	2206
Tremblement de terre		

	Ere de Paros.	Durée jusqu'à nous.
dans le Péloponèse & dans l'Archipel, qui fait une isle de la presqu'isle de l'Eubée.	1157	2205
Première représentation de la Farce des Nuées . .	1158	2204
Seconde représentation de la Farce des Nuées . .	1160	2202
Paix d'un demi-siècle entre Athènes & Lacédémone, qui n'est point observée.		
Exploits guerriers d'Alcibiade.		
Flotte envoyée pour la conquête de la Sicile, sous la conduite de Nicias, de Lamachus & d'Alcibiade.	1167	2195
Prétendu sacrilége d'Alcibiade ; il est condamné à mort, & il se sauve à Lacédémone.		
Les Athéniens mettent à prix la tête de l'athée Diagoras.		

	Ere de Paros.	Durée jusqu'à nous.
Les Athéniens sont battus, sur terre & sur mer, dans la Sicile : ils perdent leurs Généraux avec quarante mille hommes . . .	1169	2193
Tyrannie des Quatre Cents dans Athènes. Rappel d'Alcibiade.	1170	2192
Annibal prend & renverse Sélinonte en Sicile.	1173	2189
Tyrannie de Denys l'ancien à Syracuse.	1174	2188
Mort d'Euripide, suivant les Marbres.	1175	2187
Nouvelle invasion d'Annibal en Sicile : mort de ce Général	1176	2186
Victoire des Arginuses : supplice des Généraux vainqueurs.		
Magistrature de Socrate. Expédition de Cyrus le jeune, suivant les Marbres, & mort de Sophocle.		

	Ere de Paros.	Durée jusqu'à nous.
Bataille d'Egos - Pota-mos, gagnée par Lysandre, Amiral de Lacédémone, & siege d'Athènes	1177	2185
Prise d'Athènes, & fin de la guerre du Péloponèse.	1178	2184
Tyrannie des Trente dans Athènes. Assassinat d'Alcibiade.		
Trasibule délivre sa patrie de la tyrannie des Trente	1179	2183
Bataille de Connaxa. Commencement de la Retraite des Dix-Mille . . .	1181	2181
Fin de la Retraite des Dix-Mille.	1182	2180
Jugement & supplice de Socrate.		
Massacre des Carthaginois dans Syracuse	1183	2179
Siége de Syracuse par le Suffète Imilcon. Peste		

	Ere de Paros.	Durée jufqu'à nous.
horrible, qui fait le ravage dans fon armée, & levée du fiége	1186	2176
Agéfilas bat le Satrape Tiffapherne, & rend la liberté aux villes Grecques de l'Afie mineure.		
Victoire de Conon fur les Lacédémoniens, qui perdent l'empire de la mer	1188	2174
Magon, Général de Carthage, eft vaincu par Denys en Sicile	1189	2173
Paix ignominieufe de la Grèce avec la Perfe, connue fous le nom de Traité d'Antalcidas . . .	1195	2167
Naiffance d'Ariftote. .	1198	2164
Mort du Poète Philoxène.	1202	2160
Tems où fleurit le Philofophe Pyrhon.	1205	2157
Apparition d'une gran-		

	Ere de Paros.	Durée jusqu'à nous.
de comète, s'il en faut croire la Chronique des Marbres.	1209	2153
Bataille de Leuctres. .	1211	2151
Mégalopolis est construite en Arcadie	1212	2150
Mort de Denys l'ancien, Tyran de Sicile. .	1214	2148
Tems où fleurit l'Historien Théopompe. . . .	1215	2147
Mort de Xénophon. .	1222	2140
Avènement de Philippe au trône de Macédoine. .	1225	2137
Agésilas donne un Roi à l'Egypte.	1226	2136
Naissance d'Alexandre-le - Grand , suivant les Marbres.	1227	2135
Mort de Dion, le Libérateur de Syracuse	1228	2134
Les neuf Rois de l'isle de Chypre secouent le joug de la Perse. Ochus reconnaît leur indépendance. .	1230	2132

	Ere de Paros.	Durée jusqu'à nous.
Mort de Platon. Tems où fleurit le Poète Comique Ménandre	1234	2128
Victoire de Timoléon fur les Carthaginois en Sicile.	1238	2124
Denys le jeune fe retire à Corynthe.	1239	2123
Naiffance d'Epicure . .	1240	2122
Exploits de Phocion. .	1241	2121
Bataille de Chéronée. Mort de l'Orateur Ifocrate	1244	2118
Mort de Timoléon. .	1245	2117
Avènement d'Alexandre-le-Grand au trône de Macédoine	1246	2116
Prife de Thèbes par les Macédoniens, & ruine de cette ville.	1247	2115
Guerre d'Alexandre contre Darius. Victoire du Granique.	1248	2114
Bataille d'Iffus. Défaite		

	Ere de Paros.	Durée jusqu'à nous.
de la nombreuse armée de Darius, & captivité de sa famille.	1249	2113
Prise de Tyr & de Gaza par Alexandre. Conquête de l'Egypte.	1250	2112
Couronne de Sidon, donnée au Jardinier Abdolonyme.		
Bataille d'Arbelles . .	1251	2111
Le Conquérant entre dans Suze. Pillage & incendie de Persépolis. . .	1252	2110
Assassinat de Darius. Prétendue conspiration de Philotas. Mort de ce Général & de son père Parménion	1253	2109
Alexandre épouse Statyra, fille de Darius. Son couronnement comme Roi de Perse	1254	2108
Expédition de l'Inde. Défaite de Porus. Navi-		

	Ere de Paros	Durée jusqu'à nous.
gation de Néarque , & retour d'Alexandre en Perse.	1255	2107
Callisthène envoie de Babylone , à Aristote , son fameux Recueil d'observations Chaldéennes, qui renfermaient un intervalle de 1903 ans. Supplice de ce Philosophe.		
Mort d'Ephestion. .	1256	2106
Entrée triomphante d'Alexandre à Babylone. . . .	257	2105
Mort d'Alexandre. Aridée , phantôme de Roi , lui succede. Les Généraux du Conquérant se partagent son Empire.	1258	2204
Mort de Diogène le Cynique.		
Démosthène s'empoisonne. Mort d'Aristote. Naissance de Théophraste.	1260	2102
Le Poète Ménandre fait		

	Ere de Paros.	Durée jusqu'à nous.
représenter, dans Athènes, sa première Comédie.		
L'Orateur Hypéride est tué par l'ordre d'Antipater.	1261	2101
Athènes se rend à Cassandre.	1264	2098
Agathocle se fait tyran de Sicile	1265	2097
Aridée périt par l'ordre d'Olympias , mère d'Alexandre.	1266	2096
Cassandre fait mourir Olympias.		
Cassandre tue Roxane & son fils, & usurpe le trône de Macédoine . . .	1271	2091
Descente d'Agathocle en Afrique	1272	2090
Tems où fleurit Zénon, chef de la secte des Stoïciens.	1273	2089
Démétrius, fils d'Antigone, rend à Athènes sa liberté.	1275	2087

	Ere de Paros.	Durée jusqu'à nous.
Agathocle perd sa puissance en Afrique ; il revient en Sicile.		
Siége de Rhodes par Démétrius Poliocertes . .	1277	2085
Tems où fleurit Arcéfilas, fondateur de la nouvelle Académie.	1282	2080
Siége d'Athènes par Démétrius Poliocertes. .	1285	2077
Prife d'Athènes. Clémence de Démétrius. . .	1286	2076
Règne de Pyrrhus-le-Grand en Epire.	1287	2075
Empoifonnement d'Agathocle	1293	2069
Tems où fleurit le Mathématicien Euclide. . . .	1294	2068
Mort de Démétrius de Phalère	1298	2064
Guerre de Pyrrhus en Sicile	1304	2058
Pyrrhus eft tué au fiége d'Argos.	1310	2052

	Ere de Paros.	Durée jusqu'à nous.
C'est à cette époque qu'une tradition, peut-être suspecte, place la mort d'Epicure.	1311	2051
Paix des Romains avec Hyéron, Roi de Sicile. .	1319	2043
Tems où fleurit Eratofthène	1327	2035
Tems où fleurit le Poète Théocrite.	1330	2032
Aratus devient Préteur de la République des Achéens.	1331	2031
Defcente des Romains en Sicile. Siége de Lilybée.	1332	2030
Tems où fleurit le Poète Callimaque.	1338	2024
Epoque où l'on place la célébrité d'Apollonius de Rhodes.	1340	2020
Tremblement de terre qui renverfe le coloffe de Rhodes.	1358	2004
Mort d'Hyéron en Sicile, & avènement d'Hyéronyme	1367	1995

	Ere de Paros.	Durée jusqu'à nous.
Siége de Syracuse par une armée de terre & une flotte de Marcellus	1368	1994
Prise de Syracuse. Mort d'Archimède. La Sicile devient province Romaine.	1370	1992
Philopémen défait & tue Machanidas , Tyran de Lacédémone	1376	1986
Naissance de l'Historien Polybe.		
Philopémen fait abattre les murs de Lacédémone, & abroge les loix de Lycurgue	1394	1968
Mort de Philopémen	1399	1963
Décadence de la République des Achéens . . .	1402	1960
Tems où fleurissent les Poëtes Bion & Moschus.		
Paul Emile réduit la Macédoine en province Romaine	1415	1947

	Ere de Paros.	Durée jusqu'à nous.
Le Consul Mummius se rend maître de l'Achaye. Incendie de Corynthe. Rome supprime les Etats-Généraux de la Grèce. Anéantissement de toutes ses Républiques , & fin de son histoire.	1436	1926

INTERPRÉTATION

DES MOTS LES PLUS USITÉS,
QUI DÉSIGNENT LA MYTHO-
LOGIE DE LA GRÈCE, SES
DIGNITÉS ET SES USAGES.

Dans le deſſein d'ôter à cette hiſtoire toute ſon aridité, nous n'avons pas voulu couper à chaque inſtant le fil des évène-mens, par l'interprétation d'une foule de mots techniques, qui n'auraient an-noncé qu'une vaine érudition grammati-cale : voici le moment de ſuppléer à notre ſilence ; & grace au travail très-eſ-timé d'un Allemand (a), nos recherches

____

(a) *Antiquit. Græc.* à Lamb. Bos, dont nous avons une traduction trop peu connue, par Lagrange, l'élégant Traducteur de Lucrèce.

à cet égard se borneront presque à une simple analyse.

RELIGION. — Les Grecs avaient douze Dieux de la première classe.

ZÉUS	Vulcain.
POSEIDON . .	Neptune.
APOLLON . . .	Apollon.
PALLAS . . .	Minerve.
DÉMÉTÈS . . .	Cérès.
HÉPHAISOS . .	Vulcain.
HÉRA	Junon.
ARÈS	Mars.
HERMÈS . . .	Mercure.
ARTÉMIS . .	Diane.
APHRODITÉ . .	Vénus.
ESIA	Vesta.

Outre ces grands Dieux, les Grecs connoissaient des êtres intermédiaires entre les immortels & les hommes. Ils les appellaient DAIMONES, & ce mot nous semble correspondre à celui de génies.

Leurs HÉROS étaient des hommes divinifés ; nous les connaiffons fous le nom de demi-Dieux.

Les Dieux de la Grèce paraiffaient la gouverner par la voie des Oracles.

Nous avons parlé de l'Oracle de Dodone en Epire, où des Chênes prophétifaient fous le nom de Jupiter.

L'Oracle de Delphes , le plus célèbre de tous ceux qui ont exifté dans l'antiquité, parlait au nom D'APOLLON PYTHIEN , ou d'Apollon qui tua le ferpent Python. La Prêtreffe , qui , en qualité d'interprète d'Apollon , adoptait tous fes noms, s'appellait PYTHIE. La plus fameufe fut , dit-on, Phémonoë, efpèce d'improvifatrice , qui donna la première fes réponfes en vers hexamètres.

L'Oracle de Trophonius, dans un bois de la Béotie , tirait fon nom d'un frère d'Agamède , qui prophétifait dans le creux d'un rocher , & dont le peuple après fa mort fit l'apothéofe.

Il y avait d'autres Oracles moins fameux , tels que ceux de Colophon &

d'Amphiaraüs, où les Prêtres trafiquaient obscurément de l'ignorance des peuples & de leur crédulité.

La divination était une suite de l'imposture sacrée des Oracles. Ceux qui lisaient l'avenir dans le chant ou le vol des oiseaux, s'appellaient Oionoscopes; ceux qui l'étudiaient dans les entrailles des victimes, Hieroscopes; & ceux qui ne s'attachaient qu'aux vains présages des songes, Oneiroscopes.

On désignait les diverses divinations par le coq, par le crible, par les eaux & par les morts, sous les noms d'Ornithomancie, de Koskinomancie, d'Hydromancie & de Négromancie.

Les Prêtres avaient donné aux Grecs un grand nombre de fêtes, afin de s'enrichir plus vîte par leurs offrandes.

Les Adoniennes étaient les fêtes de Vénus & d'Adonis qu'on célébrait durant deux jours : on passait le premier dans la douleur & le second dans la joie.

Les Anthestéries, ainsi nommées du

mois grec où on les célébrait, étaient en l'honneur de Bacchus, ainsi que les APA-TURIES. Ce dernier mot, qui est dérivé de ruse, avait rapport à un stratagême de Mélanthe, Roi d'Athènes, stratagême qui lui servit à vaincre un Roi de Béotie.

Les DAPHNÉPHORIES se célébraient tous les neuf ans chez les Béotiens en l'honneur d'Apollon, qui, tout Dieu qu'il était aux yeux de la Nymphe Daphné, ne put s'en faire aimer.

C'est aux fêtes DYONISIENNES, en l'honneur de Bacchus (Dyonisus), qu'on portait en procession le Phallus, s'il faut en croire le Philosophe Plutarque.

Les ELEUSINIENNES étaient les fêtes les plus solemnelles du Péloponèse. Cérès en était l'objet, & la ville d'Eleusis passait pour le chef-lieu de son culte.

On donnait au Grand-Prêtre, qui initiait dans les mystères d'Eleusis le nom de MYSTAGOGUE ou D'HYÉROPHANTE.

Athènes honorait aussi Cérès, comme

légiſlatrice, dans des fêtes qu'elle appellait à cet effet THESMOPHORIES.

Minerve, qui donna ſon nom à Athènes, grace au Roi Erichton, s'y vit honorée dans la fête des PANATHÉNÉES.

ÉCONOMIE POLITIQUE. — Nous avons vu dans le cours de cet ouvrage comment les Archontes d'Athènes ſuccédèrent à les Rois ; pourquoi le premier, comme chef du collége, fut L'ARCHONTE par excellence ; par quelle condeſcendance on permit au ſecond de porter le nom de ROI ; d'où venait le titre de POLÉMARQUE, donné au troiſième ; & celui de THESMOTHÈTES, que tous les autres partageaient également.

Le nom D'ECLESIA déſignait l'aſſemblée générale de la nation, en qui réſidait la ſouveraineté.

L'Aréopage (ou colline de Mars), ainſi appellé, parce que Mars y ſubit le premier jugement, était la Cour de Juſtice la plus ancienne & la plus reſpectable d'Athènes ; par un règlement de Solon , on ne pouvait y être reçu , qu'après avoir été Archonte.

Les Sénateurs de l'Aréopage donnaient leurs suffrages avec une boule d'airain ou de bois. La première, ELEOU, était la boule d'absolution. La seconde , THANATOU , était la boule de mort.

La jurisdiction des EPHÈTES s'appellait ainsi, d'un mot grec qui signifie *appeller* ; parce qu'on appellait à cette Cour de Justice , des autres Tribunaux subalternes.

Le Soleil (l'*Helios* des Grecs) était l'étymologie du Tribunal des HÉLIASTES. Les Juges s'assemblaient , en effet, dans un lieu découvert & exposé aux rayons du soleil.

Les supplices en usage à Athènes étaient l'ATMIA ou l'infamie, le DOULEIA ou la servitude , les STIGMATES ou les caractères imprimés sur le front ou sur la main d'un esclave, le STÈLE ou le tableau du délit gravé sur une colonne.

On connaît l'exil ordinaire, l'oſtraciſme, les chaînes & la mort.

Si l'on examine l'économie politique du côté de la guerre, on trouve l'infanterie des Grecs diviſée ordinairement en trois claſſes de ſoldats ; les Oplitai ou les hommes peſamment armés, les Psiloi ou les fantaſſins armés à la légère, & les Peltasai, ainſi nommés d'un bouclier particulier appellé *Pelte*, & qui tenaient le milieu entre les Pſiloi & les Oplitai.

Tout Athénien était obligé de s'enrôler, dès que ſon nom était inſcrit dans la liſte Lexiarchique, c'eſt-à dire, dès qu'il avait atteint l'âge de dix-huit ans.

Les plus anciennes machines de guerre étaient les Climaques ou les échelles préparées, avec leſquelles on eſcaladait les remparts.

On imagina enſuite le Crios ou le Bélier, pour ſaper les murs ; le Cheloné ou la Tortue, ſous laquelle les aſſiégeans ſe mettaient à couvert des traits des ennemis ; le Choma, l'éminence, eſpèce de montagne factice deftinée à dominer les fortifications d'une ville ; les PURGOI ou les tours de bois qu'on amenait avec des roues aux pieds de la brèche, & les CATAPULTES ou machines à lancer des flèches. Nous avons expliqué dans l'hiftoire du fiége de Rhodes ce qu'on entendait par les HÉLÉPOLES & les PÉRIDROMES.

USAGES DES GRECS. — Les Spectacles nationaux, connus fous le nom de Jeux, doivent entrer les premiers dans ce tableau étymologique. Le DROMOS, la courfe ; l'ALMA, le faut ; le PALÉ, la lutte ; & le DISQUE avec le PUGILAT, dont les noms font tous deux dérivés du grec, formaient le PENTATHLE ou les cinq combats en ufage dans les Gymnafes.

Les quatre grands jeux de la Grèce étaient les PYTHIENS, les ISTHMIENS, les NÉMÉENS & les OLYMPIQUES.

Les Jeux Olympiques fe célébraient à Olympie, ville de l'Elide, après quatre ans révolus. Ces Jeux, les plus célèbres de la Grèce, ont donné naiſſance à une ſupputation chronologique, connue ſous le nom d'Ere des Olympiades.

Les Jeux Pythiens ſe célébraient à Delphes en l'honneur d'Apollon, vainqueur du ſerpent Python. Ils ne revenaient d'abord que tous les neuf ans. L'intervalle fut dans la ſuite réduit à cinq, par un décret des Amphyctions.

Les concours de muſique étaient adoptés dans les Jeux de Delphes, & on y jouait de la lyre ſur le nome Pythien, en mémoire du Dieu qui y était invoqué.

Les Jeux Néméens furent inſtitués dans une forêt de Némée, ſituée entre les villes de Cléones & de Phliunte. On les nommait Trictériques, parce qu'on les célébrait tous les trois ans.

Les Jeux Iſthmiens ou Iſthmiques étaient ceux de l'Iſthme de Corinthe. Ils étaient Trictériques comme les Jeux Néméens.

La meſure du tems chez les Grecs mérite ici une place particulière, à cauſe des erreurs essentielles, qui pourraient, à cette occasion, se glisser dans la chronologie.

Le premier mois de l'année grecque commençait à la nouvelle lune d'après le solstice d'été ; ce qui répond à la dernière partie de notre mois de Juin & à la première de notre mois de Juillet.

Voici les noms des douze mois, noms qui presque tous consacrés par la Religion, désignent des fêtes ou des sacrifices.

L'Hécatombaion, moitié Juin & moitié Juillet.

Le Métageitnion, moitié Juillet & moitié Août.

Le Boëdromion, moitié Août & moitié Septembre.

Le Maïmacterion, moitié Septembre & moitié Octobre.

Le Pyanepsion, moitié Octobre & moitié Novembre.

L'Anthestérion, moitié Novembre & moitié Décembre.

Le Poseïdeon, moitié Décembre & moitié Janvier.

Le Gamélion, moitié Janvier & moitié Février.

L'Elaphébolion, moitié Février & moitié Mars.

Le Munychion, moitié Mars & moitié Avril.

Le Targhélion, moitié Avril & moitié Mai.

Le Scirophorion, moitié Mai & moitié Juin.

Quand la Philosophie commença à être honorée dans la Grèce, il y eut trois rendez-vous de Sages qui devinrent peu-à-peu célèbres. C'étaient l'Académie, le Lycée & le Cynosarge ou l'école d'Antisthène.

La Jeunesse, de son côté, s'assemblait aux Gymnases, & outre les exercices dont nous avons parlé à l'article des Jeux, elle cultivait les Arts agréables, tels que la Musique & la Danse.

La Musique admettait sept notes,

toutes confacrées aux Planètes ; à favoir, l'UPATÉ à la Lune , le PARUPATÉ à Jupiter, le LIGANOS à Mercure , le MÉSÉ au Soleil , le PARAMÈSE à Mars , le TRITÉ à Vénus , & le NÉTÉ à Saturne.

Le NOMOS défignait le mode dans lequel les Muficiens chantaient, & ces modes étaient au nombre de quatre. Le PHRYGIEN défignait un mode religieux , le LYDIEN un mode confacré à la douleur, l'IONIQUE un mode gai , & le DORIQUE un mode d'un caractère guerrier. Les inftrumens principaux des Grecs étaient le SISTRE, qu'ils avaient emprunté de l'Orient , la LYRE, la FLUTE & le CHALUMEAU.

Les Grecs originairement marchaient tête nue. On parle feulement d'un privilége des anciens habitans d'Athènes de porter des TETTIGES ou des cigales d'or dans leurs cheveux , pour défigner qu'ils étaient indigènes ou AUTOCHTONES.

L'habit de deffous des deux fexes était une efpèce de robe flottante , & une autre, qui avait beaucoup de rapport à la toge Romaine, servait d'habit extérieur aux hommes ; c'était le Péplos qui tenait lieu de ce dernier aux femmes, ce qui ne les empêchait pas d'y ajouter le Stolé ou une robe longue qui leur descendait jusqu'aux talons. On connaissait sous le nom d'Epomis le manteau des Athéniennes, & sous la dénomination de Tribon celui des Philosophes. Le reste de la parure des femmes ne doit point entrer ici, parce que l'histoire des hommes n'est point un livre de boudoir.

On ne se servait point chez les Grecs du mot *mourir*, à cause du mauvais présage. On y suppléait par d'autres équivalens : tels que *il a été*, *il s'est endormi*, *il a vécu*.

On enlevait les corps morts, avant le lever du soleil, pour célébrer leurs funérailles, & il y avait des chants lugubres différens, soit pour la marche du convoi, soit autour du bûcher, soit à l'entrée du monument où l'on déposait la cendre.

Outre les mausolées, on élevait quelquefois aux grands hommes des tombeaux, où on ne déposait ni leur cendre ni leurs ossemens, & qu'on nommait des CÉNOTAPHES.

Les traîtres & les sacriléges, étaient les seuls qu'on jugeait indignes des honneurs de la sépulture.

SUPPLÉMENT

A

L'HISTOIRE DE LA GRÈCE,

O U

TABLEAU DES OLYMPIADES.

IL manquerait quelque chofe à l'Hiftoire de la Grèce, fi nous ne nous arrêtions pas un moment fur fon Ere célèbre des Olympiades, qui conftitue, avec celle de Caliifthène, la Chronique de Paros, & les Faftes du Capitole, les quatre plus beaux monumens de chronologie qui nous reftent de l'antiquité.

Les Jeux Olympiques, qui ont donné naiffance à l'Ere des Olympiades, fe célébraient, comme nous l'avons vu ailleurs, après quatre ans révolus, vers la nouvelle lune la plus voifine du Solftice d'été ; quoiqu'ils n'aient jamais été difcontinués depuis Iphitus, contemporain de Lycurgue, par une bifarrerie dont la Critique ne faurait rendre raifon, ils n'ont commencé à fervir de bafe à la Chronologie Grecque, que cent huit ans après cette époque mémorable ; c'eft la victoire de l'Athlète Corœbus, remportée 776 ans avant l'Ere vulgaire, c'eft-à-dire l'an 806 de l'Ere de Paros, qui conftitue, dans les annales du Péloponèfe, la première des Olympiades.

Il faut faire une attention dans l'ufage des années Olympiques, c'eft qu'elles ne commencent que vers le 22 de Juin, ce qui répond au milieu des années de nos Eres vulgaires ; alors, il faut avoir recours au mois (quand il eft défigné par les Hiftoriens), pour ne point fe tromper dans fes calculs : fans cette attention, on pourrait faire paffer, fans le favoir, des erreurs d'une année entière dans fa Chronologie.

Hérodote ne fe fert point, dans fes fupputations, de l'Ere des Olympiades ; mais elle eft la bafe de la Chronologie de Thucydide, de Xénophon, de Polybe & de Diodore. Il n'eft point indifférent de voir les époques, données par ces grands Hiftoriens, recueillies dans le même Tableau.

La Chronologie des Olympiades paraît ici calculée fuivant l'Ere de Paros ; & l'an 806, qui paraît en tête du Tableau, répond à l'an 2556 avant l'époque où nous écrivons cette Hiftoire (a).

On trouvera le nom des Archontes d'A-thènes, avec les variantes des Hiftoriens, mais feulement depuis Créon, le premier

____

(a) Il ne faut jamais perdre de vue, que la durée jufqu'à nous, dans tout le cours de cet Ouvrage, a toujours été calculée feulement jufqu'à notre année 1780.

des Archontes annuels ; car les Archontes perpétuels & les Archontes décennaux, se trouvent dans nos Tableaux gravés de la Chronologie des Monarchies de la Grèce.

Parmi les évènemens que les Xénophon, les Thucydide, les Polybe & les Diodore placent sous leurs années Olympiques, il y en a un certain nombre qu'on trouve déja dans nos Fastes de la Grèce, & que nous ne ferons point reparaître ici, nous nous bornerons aux faits moins importans des annales Grecques, & nous y joindrons quelques traits mémorables des Histoires étrangères, afin de faire pressentir d'avance les points d'appui de notre Chronologie universelle.

Le nom propre, en caractères italiques, qu'on voit au-dessous de chaque Olympiade, désigne toujours l'Athlète vainqueur aux Jeux Olympiques ; ceux qu'on lit aussi, en caractères italiques, à la suite des années Olympiques, sont les noms des Archontes d'Athènes. Au reste, on observera que les Archontes ne font cités ex..ctement par les Hiftoriens Grecs, que depuis la foixante & onzième Olympiade.

TABLEAU
DES OLYMPIADES.

Ere de Paros.	Ann. Olymp.	

OLYMPIADE I.

Corœbus.

806‥1 Corœbus eſt vainqueur aux jeux Olympiques , & ſon nom ſert d'époque à la première des Olympiades.

807‥2
808‥3
809‥4

OLYMPIADE II.

Antimaque.

810‥1

811‥2 Naiſſance de Romulus , ſuivant quelques hiſtoriens.

812‥3
813‥4

OLYMPIADE III.
Androcle.

814 · · 1 Le Philofophe Abaris vient, à ce qu'on prétend, de la Scythie feptentrionale dans le Péloponèfe.

815 · · 2
816 · · 3
817 · · 4

OLYMPIADE IV.
Polycharès.

818 · · 1
819 · · 2
820 · · 3 On commence dans Athènes à fabriquer des trirèmes.

821 · · 4

OLYMPIADE V.
Efchines.

822 · · 1 Inftitution des Ephores, pour fervir de contrepoids à l'autorité des Monarques de Lacédémone.

823 · · 2

Ere de Paros.	Ann. Olymp.	
824	3	Fondation de Syracufe , fuivant les marbres.
825	4	

OLYMPIADE VI.

Œbotas.

826	1	
827	2	
828	3	Inftitution des Archontes décennaux dans Athènes.
829	4	Fondation de Rome , fuivant la fupputation de Varron.

OLYMPIADE VII.

Daïclès.

830	1	Daïclès eft le premier des Athlètes vainqueurs , qui reçoit une couronne.
831	2	
832	3	Enlèvement des Sabines , par les brigands de Rome naiffante.
833	4	

OLYMPIADE VIII,

Anticlès.

834··1
835··2 Quelques Hiftoriens placent
ici le commencement de
l'Ere de Nabonaffar , en
ufage chez les Aftronomes.

836··3
837··4

OLYMPIADE IX.

Xénoclès.

838··1
839··2 Commencement d'une guerre
de neuf ans , entre Meffene
& Lacédémone.

840··3
841··4

OLYMPIADE X.

Dotadès.

842··1
843··2

| Ere de } Ann. |
| Paros. } Olymp. |

844··3	Retraite des Messéniens vain-
	cus, sur le mont Ithome.
845··4	

OLYMPIADE XI.

Léocharès.

846··1	
847··2	
848··3	
849··4	Naissance des bâtards de Lacé-
	Lacédémone, connus sous
	le nom de Parthéniens.

OLYMPIADE XII.

Oxythemis.

850··1	
851··2	
852··3	
853··4	Avènement de Perdiccas I au
	trône de Macédoine.

OLYMPIADE XIII.

Dioclès.

854··1	
855··2	
856··3	Victoire d'Aristodème.
857··4	

Ere de Paros.	Ann. Olymp.

OLYMPIADE XIV.
Dasmon & Hypène.

858 · · 1 Prise de la Forteresse d'Ithome, & fin de la guerre de Messène.

859 · · 2
860 · · 3
861 · · 4

OLYMPIADE XV.
Orsippe.

862 · · 1
863 · · 2
864 · · 3 Avènement de Candaule au trône de Lydie.
865 · · 4

OLYMPIADE XVI.
Pythagore.

866 · · 1 Romulus est tué. Son apothéose.

867 · · 2
868 · · 3
869 · · 4

OLYMPIADE XVII.

Polos.

870··1
871··2
872··3 Cortone se bâtit dans la grande
        Grèce, suivant Eusebe.
873··4

OLYMPIADE XVIII.

Tellis.

874··1 Avènement de Gygés au trône
        de Lydie.
875··2
876··3
877··4

OLYMPIADE XIX.

Ménon.

878··1
879··2 Midas III. monte au trône de
        Phrygie.
880··3
881··4

Ere de Paros.	Ann. Olymp.

OLYMPIADE XX,

Athéradas.

882 · · 1 Tems où quelques Hiſtoriens font fleurir le Poëte Archiloque.

883 · · 2
884 · · 3
885 · · 4

OLYMPIADE XXI.

Pentaclès.

886 · · 1 Irruption des Scythes en Aſie Mineure.

887 · · 2
888 · · 3
889 · · 4

OLYMPIADE XXII.

Pentaclès, (une ſeconde fois.)

890 · · 1

891 · · 2 Fondation de Géla, en Sicile, ſuivant quelques Hiſtoriens.

892 · · 3
893 · · 4

OLYMPIADE XXIII.
Icare.

894 · · 1
895 · · 2 Etablissement de l'Archontat annuel dans Athènes.
896 · · 3
897 · · 4

OLYMPIADE XXIV.
Cléoptolème.

898 · · 1 Archontat de Créon, le premier connu des Archontes annuels.
899 · · 2
900 · · 3
901 · · 4 *Tlésias.*

OLYMPIADE XXV.
Thalpios.

902 · · 1 Course des chars, introduite aux jeux Olympiques.
903 · · 2
904 · · 3
905 · · 4

Ere de Paros.	Aun. Olymp.	

OLYMPIADE XXVI.
Callisthène.

906 · · 1
907 · · 2
908 · · 3   Fondation de Chalcédoine.
909 · · 4

OLYMPIADE XXVII.
Eurybate.

910 · · 1
911 · · 2   *Leostrate.*
912 · · 3
913 · · 4   *Pisistrate.*

OLYMPIADE XXVIII.
Charmis.

914 · · 1   *Antosthène.*
915 · · 2
916 · · 3
917 · · 4

OLYMPIADE XXIX.
Chionis.

918 · · 1   *Miltiade* ou *Archimède.*
919 · · 2
920 · · 3
921 · · 4

Ere de Paros.	Ann. Olymp.

OLYMPIADE XXX.

Chionis, pour la seconde fois.

922 · · 1

923 · · 2 *Miltiade.*

924 · · 3 Fondation de Byzance , aujourd'hui Conftantinople.

925 · · 4

OLYMPIADE XXXI.

Chionis, pour la troifième fois.

926 · · 1

927 · · 2

928 · · 3 Démarate , banni de Corynthe , cherche un afyle dans Rome.

929 · · 4

OLYMPIADE XXXII.

Cratinus.

930 · · 1

931 · · 2

932 · · 3 Fondation d'Hymère , en Sicile.

933 · · 4

Ere de Paros.	Ann. Otymp.

OLYMPIADE XXXIII.
Gygès.

934··1 Tems où paraît l'Athlète Lyg-damis, d'une taille colof-fale.

935··2
936··3
937··4 *Dropyle.*

OLYMPIADE XXXIV.
Stomas

938··1 Un Roi de Pife veut ufurper le droit de préfider aux jeux Olympiques.

939··2
940··3
941··4

OLYMPIADE XXXV.
Sphæros.

942··1 *Damafias.* Avènement de Philippe I, Roi de Macédoine.
943··2 Naiffance de Thalès.
944··3
945··4

Ere de Paros.	Ann. Olymp.	

OLYMPIADE XXXVI,
Phrynon.

946 · · 1 *Epenète*

947 · · 2

948 · · 3

949 · · 4

OLYMPIADE XXXVII,
Euryclide.

950 · · 1 Des enfans difputent le prix
des jeux Olympiques.

951 · · 2

952 · · 3

953 · · 4

OLYMPIADE XXXVIII.
Olynthe.

954 · · 1 Fondation de Sinope.

955 · · 2

956 · · 3

957 · · 4 Avènement de Periandre à la
tyrannie de Corynthe.

OLYMPIADE XXXIX,
Rhipfolque,

958 · · 1 *Dracon.* Il donne fes loix , fui-

Ere de Paros.	Ann. Olymp.	

vant Eusèbe & Clement d'Alexandrie.

959··2

960··3

961··4 Fondation de Dyrrachium.

OLYMPIADE **XL.**

Olynthe, pour la seconde fois.

962··1 Naissance de Xenophane.

963··2

964··3

965··4

OLYMPIADE **XLI.**

Cléonide.

966··1 *Henochides.*

967··2

968··3 Avènement de Tarquin l'ancien au trône de Rome.

969··4

OLYMPIADE **XLII.**

Lycotas.

970··1 Pittacus, un des sept Sages, devient Souverain de Mitylène.

Ere de Paros.	Ann. Olymp.	
971	2	
972	3	
973	4	

OLYMPIADE XLIII.
Cléonis.

974	1	Tems où fleurit Bias de Priène, un des sept Sages.
975	2	
976	3	
977	4	*Ariflocle.*

OLYMPIADE XLIV.
Gélon.

978	1	*Critias.* Tems où fleuriffent Alcée & Sappho.
979	2	
980	3	
981	4	

OLYMPIADE XLV.
Anticrate.

982	1	*Megaclès.* Fondation de Marfeille.
983	2	
984	3	
985	4	

Ere de Paros.	Ann. Olymp.

O L Y M P I A D E XLVI.
Chryſaman.

986 · · 1
987 · · 2 *Cleombrote.*
988 · · 3 *Solon.* Légiſlation de ce grand
homme.
989 · · 4 *Dropidas.*

O L Y M P I A D E XLVII.
Euryclès.

990 · · 1 *Eucrate.* Anacharſis vient en
Grèce.
991 · · 2 *Cimon.*
992 · · 3
993 · · 4

O L Y M P I A D E XLVIII.
Glycon.

994 · · 1 *Phenippe.*
995 · · 2
996 · · 3
997 · · 4

O L Y M P I A D E XLIX.
Lycinos.

998 · · 1
999 · · 2

Ere de Paros.	Ann. Olymp.	
1000	·3	*Damasias.* Corynthe devient République.
1001	·4	

OLYMPIADE L,
Epytelidas.

1002	·1	
1003	·2	
1004	·3	Servius Tullius devient Roi de Rome.
1005	·4	*Archestratide.*

OLYMPIADE LI.
Eratosthène.

1006	·1	Orphée écrit son Poëme sur les Argonautes.
1007	·2	
1008	·3	
1009	·4	

OLYMPIADE LII,
Agis.

1010	·1	Tems où fleurit Esope.
1011	·2	
1012	·3	*Aristomène.*
1013	·4	

OLYMPIADE LIII.
Agnon.

1014 · · 1 Tems où l'on place la naiſſance
de Pythagore.

1015 · · 2

1016 · · 3 *Comias.*

1017 · · 4

OLYMPIADE LIV.
Hippoſtrate.

1018 · · 1

1019 · · 2

1020 · · 3 *Hippoclide.*

1021 · · 4 *Hegeſiſtrate.* Commencement
de la tyrannie de Piſiſtrate.

OLYMPIADE LV.
Hippoſtrate, une ſeconde fois.

1022 · · 1

1023 · · 2

1024 · · 3

1025 · · 4 Naiſſance de Simonide

OLYMPIADE LVI.
Phèdre.

1026 · · 1 Chilon, un des ſept Sages,

Ere de Paros.	Ann. Olymp.	
		est fait Ephore de Lacédémone.
1027	2	
1028	3	
1029	4	

OLYMPIADE LVII.
Ladron.

1030	1	Diffolution de la Monarchie de Phrygie.
1031	2	Tems où fleurit Ariftée.
1032	3	
1033	4	

OLYMPIADE LVIII.
Diognète.

1034	1	*Ercyclide.* Deftruction de la Monarchie de Lydie.
1035	2	
1036	3	
1037	4	

OLYMPIADE LIX.
Archiloque.

1038	1	Tems où fleurit Pherecyde, inftituteur de Pythagore.

Ere de Paros.	Ann. Olymp.	
1039	·· 2	
1040	·· 3	
1041	·· 4	

O L Y M P I A D E LX.
Apellée.

1042	·· 1	Tems où fleurit Xénophane.
1043	·· 2	
1044	·· 3	
1045	·· 4	Commencement de Thespis, & de la Tragédie Grecque.

O L Y M P I A D E LXI.
Agatharque.

046	·· 1	*Athenée.*
1047	·· 2	*Hipparque.*
1048	·· 3	*Héraclide.* Avènement de Tarquin le Superbe au trône de Rome.
1049	·· 4	

O L Y M P I A D E LXII.
Eryxias.

| 1050 | ·· 1 | Tems où fleurit Milon de Crotone & Pythagore. |
| 1051 | ·· 2 | |

Ere de Paros.	Ann. Olymp.

1052··3

1053··4

OLYMPIADE LXIII.
Parmenide.

1054··1 Gouvernement d'Hipparque dans Athènes.

1055··2

1056··3

1057··4

OLYMPIADE LXIV.
Evandre.

1058··1 *Miltiade.*

1059··2 Mort de Polycrate, tyran de Samos.

1060··3

1061··4

OLYMPIADE LXV.
Apochas.

1062··1 Tems où l'on place la naiſſance de Pindare.

1063··2

1064··3

1065··4

Ere de Paros.	Ann. Olymp

OLYMPIADE LXVI.
Ifchyre.

1066··1

1067··2

1068··3

1069··4 Sylofon obtient du Roi de Perfe la vice-royauté de Samos.

OLYMPIADE LXVII.
Phanas.

1070··1 *Clifthène.* Meurtre d'Hipparque, par Harmodius & Ariftogiton.

1071··2

1072··3

1073··4 Rome chaffe fes Rois, & fe forme en République.

OLYMPIADE LXVIII.
Ifchomaque.

1074··1 *Lifagoras.*

1075··2 Guerre de Porfena contre les Romains.

1076··3

1077··4

Ere de Paros.	Ann. Olymp.

OLYMPIADE LXIX.

Ifchomaque, une feconde fois.

1078 · · 1 *Aceftoride.*

1079 · · 2

1080 · · 3

1081 · · 4

OLYMPIADE LXX,

Niceftas.

1082 · · 1 *Myros.*

1083 · · 2

1084 · · 3

1085 · · 4 Création d'un Dictateur dans Rome.

OLYMPIADE LXXI.

Tificrate.

1086 · · 1 *Hipparque.*

1087 · · 2 *Philippe* ou *Pithocrite.*

1088 · · 3 *Philippe* ou *Lacratide.*

1089 · · 4 *Themiftocle.*

OLYMPIADE LXXII.

Tificrate, une feconde fois.

1090 · · 1 *Diognète.*

1091 · · 2 *Phenippe.* Bataille de Marathon, fuivant les Marbres.

Ere de Paros.	Anu. Olymp.	
1092	· · 3	*Aristide.* Mort de Miltiade.
1093	· · 4	*Aristide.*

OLYMPIADE LXXIII.
Astyale.

1094	· · 1	*Anchise.* Coriolan est exilé de Rome.
1095	· · 2	*Philippe.*
1096	· · 3	*Philocrate.*
1097	· · 4	*Phédon.*

OLYMPIADE LXXIV.
Astyale, pour la seconde fois.

1098	· · 1	*Leostrate.* Naissance d'Hérodote.
1099	· · 2	*Nicodéme.* Exil d'Aristide.
1100	· · 3	*Achepsion.*
1101	· · 4	*Callias.*

OLYMPIADE LXXV.
Astyale, pour la troisième fois.

1102	· · 1	*Calliade.* Invasion de Xerxès.
1103	· · 2	*Xantippe.*
1104	· · 3	*Timosthène.*
1105	· · 4	*Adimante.*

Ere de Paros.	Ann. Olymp.	

OLYMPIADE LXXVI.
Scamandre.

1106··1 *Phédon.*

1107··2 *Dromoclide.*

1108··3 *Aceſtoride.* Victoire d'Hyeron de Syracuſe, aux jeux Pythiens.

1109··4 *Ménon.*

OLYMPIADE LXXVII.
Dandés.

1110··1 *Charès.*

1111··2 *Praxiergue.* Exil de Themiſtocle

1112··3 *Apséphion.* Naiſſance de Thucydide.

1113··4 *Phédon.*

OLYMPIADE LXXVIII.
Parménide.

1114··1 *Théagenide.* Tems où fleurit le Peintre Xeuxis.

1115··2 *Liſyſtrate.*

1116··3 *Lyſanias.*

1117··4 *Lyſithée.*

Ered. Paros.	Ann. Olymp.	

OLYMPIADE LXXIX.
Xenophon.

1118	1	*Archidemide.*
1119	2	*Tlépolème.*
1120	3	*Conon.*
1121	4	*Evippe.* La tyrannie est abolie à Catane, en Sicile.

OLYMPIADE LXXX.
Tirymas.

1122	1	*Phrasiclès.* Exil de Cimon.
1123	2	*Philoclès.*
1124	3	*Bion.*
1125	4	*Mnesithide.*

OLYMPIADE LXXXI.
Polymnaste.

1126	1	*Callias.*
1127	2	*Sosistrate.*
1128	3	*Ariston.* Rome tire des Grecs les Loix des douze tables.
1129	4	*Lysicrate.*

OLYMPIADE LXXXII.
Lycus.

1130	1	*Charèphane.*

Ere de Paros.	Ann. Olymp.	

1131··2 *Anètidote.*

1132··3 *Euthydème.*

1133··4 *Pedicus.* Tyrannie des Décem-
virs dans Rome.

OLYMPIADE LXXXIII
Criſſon.

1134··1 *Philiſque.*

1135··2 *Timarchide.*

1136··3 *Callimaque.* Victoires de Périclès.

1137··4 *Lyſimachide.*

OLYMPIADE LXXXIV.
Criſſon, pour la ſeconde fois.

1138··1 *Praxitèle.*

1139··2 *Lyſanias.*

1140··3 *Diphile.* Hérodote lit ſon hiſtoire aux Athéniens.

1141··4 *Timoclès.*

OLYMPIADE LXXXV.
Criſſon, pour la troiſième fois.

1142··1 *Myrrichide.*

1143··2 *Glaucidas.*

1144··3 *Théodore.* Le Poëte Sophocle

Ere de Paros.	Ann. Olymp.	

eſt élu Général des Athé-
niens.

1145··4 *Euthymène.*

OLYMPIADE LXXXVI.
Théopompe.

1146··1 *Nauſimaque.* Naiſſance d'Iſo-
crate.

1147··2 *Antilochide.*

1148··3 *Charès.*

1149··4 *Apſeudès.*

OLYMPIADE LXXXVII.
Sophron.

1150··1 *Pythodore.*

1151··2 *Eutydème.* Commencement de
la guerre du Péloponèſe.

1152··3 *Apollodore.*

1153··4 *Epaminondas.* Mort de Peri-
clès.

OLYMPIADE LXXXVIII.
Symmaque.

1154··1 *Diotime.*

1155··2 *Euclide.*

Ere de Paros.	Ann. Olymp.	
1156	·· 3	*Eutydème.* Peſte dans l'Aſie & dans le Péloponèſe.
1157	·· 4	*Stratocle.*

OLYMPIADE LXXXIX.

Symmaque, une ſeconde fois.

1158	·· 1	*Iſarque.*
1159	·· 2	*Amynias.*
1160	·· 3	*Alcée.* Incendie du temple de Junon, dans Argos.
1161	·· 4	*Ariſtion.*

OLYMPIADE XC.

Hyperbios.

1162	·· 1	*Aſtyphile.* Premiers exploits d'Alcibiade.
1163	·· 2	*Archias.*
1164	·· 3	*Antiphon.*
1165	·· 4	*Euphème.*

OLYMPIADE XCI.

Exagète.

| 1166 | ·· 1 | *Ariſtomneſte.* |
| 1167 | ·· 2 | *Chabrias.* Deſcente des Athéniens en Sicile. Procès d'Alcibiade. |

Ere de Paros.	Ann. Olymp.	
1168	·3	*Pisandre.*
1169	·4	*Cléarque.*

OLYMPIADE XCXII.

Exagète, pour la seconde fois.

1170	·1	*Callias.* Tyrannie des quatre cents dans Athènes.
1171	·2	*Euctèmon.*
1172	·3	*Glaucippe.*
1173	·4	*Dioclès.*

OLYMPIADE XCIII.

Eubatas.

1174	·1	*Euctèmon.*
1175	·2	*Antigène.*
1176	·3	*Callias.* Bataille des Arginuses.
1177	·4	*Alexias.*

OLYMPIADE XCIV.

Crocinas.

1178	·1	*Pythodore.* Prise d'Athènes ; Etablissement des trente Tyrans.
1179	·2	*Eulide.*
1180	·3	*Mycon.*
1181	·4	*Exenète.*

Ere de Paros.	Ann. Olymp.

O L Y M P I A D E XCV.

Ménon.

1182··1 *Lachès.* Supplice de Socrate.

1183··2 *Aristocrate.*

1184··3 *Ithyclès.*

1185··4 *Lysiade.*

O L Y M P I A D E XCVI.

Eupolème.

1186··1 *Phormion.* Prise de Veyes, par les Romains.

1187··2 *Diophante.*

1188··3 *Eubulide.*

1189··4 *Demostrate.*

O L Y M P I A D E XCVII.

Terinée.

1190··1 *Philoclès.* Irruption de Brennus, en Italie.

1191··2 *Nicotèle.*

1192··3 *Démosthène.*

1193··4 *Antipater.*

O L Y M P I A D E XCVIII.

Sosippe.

1194··1 *Pyrhis.*

Ere de Paros.	Ann. Olymp.	
1195	·2	*Théodote.* Paix ignominieufe d'Antahidas.
1196	·3	*Myftichide.*
1197	·4	*Dexithée.*

OLYMPIADE XCIX.

Dicon.

1198	·1	*Diotrèpe.* Naiffance d'Ariftote.
1199	·2	*Phanoftrate.*
1200	·3	*Evandre.* Naiffance de Démof- thène.
1201	·4	*Demophile.*

OLYMPIADE C.

Dyonifiodore.

1202	·1	*Pythèas.*
1203	·2	*Nicon.*
1204	·3	*Naufinique.*
1205	·4	*Callias.* Bataille de Naxos, gagnée par Chabrias.

OLYMPIADE CI.

Damon.

1206	·1	*Chariandre.*
1207	·2	*Hippodame.*
1208	·3	*Socratide.*

Ere de Paros.	Ann. Olymp.	

1209··4 *Ariftée.* Grand tremblement de terre dans le Péloponèfe.

OLYMPIADE CII.

Damon, une feconde fois.

1210··1 *Alchiftène.*

1211··2 *Phraficlide.* Bataille de Leuctres.

1212··3 *Dyfnicète.*

1213··4 *Lyfiftrate.*

OLYMPIADE CIII.

Pythoftrate.

1214··1 *Naufigène.*

1215··2 *Polyzèle.* Victoire de Camille, fur Brennus.

1216··3 *Cephifodore.*

1217··4 *Chion.*

OLYMPIADE CIV.

Eubotas.

1218··1 *Timocrate.* Victoire & mort de Pelopodas.

1219··2 *Chariclide.*

Ere de | Ann.
Paros. | Olymp.

1220··3 *Molon.*
1221··4 *Nicophème.*

OLYMPIADE CV.

Pauros de Cyrène.

1222··1 *Callimide.*
1223··2 *Eucharifte.* Mort de Xenophon.
1224··3 *Cephifodore.*
1225··4 *Agathocle.*

OLYMPIADE CVI.

Pauros le Malien.

1226··1 *Elpinice.*
1227··2 *Callifrate.* Naiffance d'Alexandre.
1228··3 *Diotime.* Mort de Dion ; dernière époque de la chro-
nique de Paros.
1229··4 *Eudème.*

OLYMPIADE CVII.

Micrinas.

1230··1 *Ariftodème.*
1231··2 *Theffalos.*

Ere de Paros.	Ann. Olymp.	
1232	·· 3	*Apollodore.* Conquête de l'E-gypte, par Ochus.
1233	·· 4	*Callimaque.*

OLYMPIADE CVIII.
Polyclès.

1234	·· 1	*Théophile.* Mort de Platon.
1235	·· 2	*Themiſtocle.*
1236	·· 3	*Archias.*
1237	·· 4	*Eubèle.*

OLYMPIADE CIX.
Ariſtoloque.

1238	·· 1	*Lyciſque.*
1239	·· 2	*Pythodore.* Ariſtote eſt nom-mé Précepteur d'Alexandre.
1240	·· 3	*Soſigène.*
1241	·· 4	*Nicomaque.*

OLYMPIADE CX.
Anticlès.

1242	·· 1	*Théophraſte.*
1243	·· 2	*Lyſimachide.*
1044	·· 3	*Charondas.* Bataille de Che-ronée.
1245	·· 4	*Phrynique.*

OLYMPIADE CXI.
Cléomantis.

1246··1 *Pythodore.* Avènement d'Alexandre.

1247··2 *Evénète.*

1248··3 *Ctesiclès.*

1249··4 *Nicocrate.*

OLYMPIADE CXII.
Eurylas.

1250··1 *Anicet.*

1251··2 *Aristophane.* Bataille d'Arbel-
les

1252··3 *Aristophon.*

1253··4 *Cephisophon.*

OLYMPIADE CXIII.
Cliton.

1254··1 *Euthycrate.*

1255··2 *Hégénon.* Conquêtes de l'Inde.

1256··3 *Chrémès.*

1257··4 *Sosiclés.*

L'année suivante, c'est-à-dire la première année de la cent quatorzième

Olympiade , Alexandre meurt à Baby-
lone. Cette époque termine l'histoire de
la Grèce dans sa gloire, & il est inutile
de pousser plus loin le tableau des
Olympiades.

F I N.

TABLE GÉNÉRALE
DE L'HISTOIRE DE LA GRÈCE.

Tome I.

Tome II.

Tome III.

Tome VI.

Tome VII.

Tome IX.

Fin de la Table générale.